DEMONI

"DEMONI":

Scritto da: Morgana Bloodworth
Editor: Christian Francesco Schio
Immagini by: Christian Schio

Lanzarote - 2023

Lanzaware Informatica

Prólogo
Nel Mondo Oscuro dei Demoni

Nel vasto panorama dell'ignoto, esistono misteri che l'umanità ha cercato di sondare, sfiorare e comprendere da tempi immemorabili. Tra questi, nessuno evoca la stessa mescolanza di terrore e fascinazione come i demoni. Creature ancestrali e inafferrabili, i demoni sono intrisi nella storia umana come ombre che si muovono nell'oscurità della nostra coscienza collettiva.

Mi chiamo Morgana Bloodworth, e ho dedicato la mia vita a esplorare le profondità di questa oscurità. Questo libro, intitolato semplicemente "Demoni," è il mio tentativo di gettare luce su un argomento avvolto nell'oscurità del mito, della leggenda e dell'ignoto. Non sono un credente nel soprannaturale, ma un ricercatore della conoscenza scientifica, e in queste pagine, cercherò di spogliare i demoni delle loro trappings sovrannaturali per esaminarli attraverso una lente razionale.

Il viaggio che intraprenderemo insieme attraverso le pagine di questo libro sarà guidato dalla curiosità, dalla razionalità e dalla sete di comprendere ciò che si nasconde dietro le storie di demoni che hanno infestato i pensieri umani per secoli. Esploreremo le origini di queste creature temute, percorreremo il labirinto della psicologia umana che dà vita a tali credenze e analizzeremo il modo in cui le leggende si sono intrecciate con la realtà storica.

Tuttavia, questo non sarà un libro che offre soluzioni definitive o risposte facilmente digeribili. La realtà dei demoni è tanto sfuggente quanto la loro stessa esistenza, e la mia ricerca non ha fatto che accrescere il mio rispetto per la complessità dell'essere umano e la vastità dell'ignoto.

Vi invito a unirvi a me in questa ricerca, a divorare le pagine di "Demoni" con mente aperta e spirito critico. Attraverso le prossime pagine, spero che possiamo gettare nuova luce su antiche ombre e scoprire cosa si cela dietro il velo del terrore e della meraviglia che circonda i demoni. Che siate scettici o credenti, spero che questa esplorazione vi spinga a riflettere più profondamente sulla natura umana e sulla nostra eterna lotta con le tenebre.

Preparatevi per un viaggio nel mondo oscuro dei demoni, dove la luce della conoscenza cerca di sconfiggere le ombre dell'ignoto.

Morgana Bloodworth

Capitolo 1

Benvenuti nel Mondo dei Demoni

Benvenuti in questo mondo oscuro e avvolto nelle tenebre, dove l'oscurità si fonde con il mistero e la malevolenza. Il nostro viaggio inizia qui, all'interno delle pagine del libro "Demoni," un'opera che si propone di immergere il lettore nel cuore stesso del regno sovrannaturale delle creature che da secoli incutono terrore e fascinazione: i demoni.

Attraverso le ere e le civiltà, i demoni hanno gettato la loro lunga ombra su storie, miti e credenze umane. Queste forze misteriose e spesso malevole hanno insinuato il loro influsso nelle culture di tutto il mondo, in modi che sfidano la comprensione umana. Il nostro obiettivo, caro lettore, è scrutare il buio di questa vasta mitologia e gettarvi luce attraverso un approccio rigorosamente scientifico e razionale, pur senza perdere di vista l'oscuro magnetismo che circonda queste creature.

I demoni, intrappolati tra il mondo del soprannaturale e il nostro, sono esseri i cui contorni sfuggono alla definizione. Sono entità sfuggenti e mutabili, affascinanti quanto inquietanti, e rappresentano una delle sfide più affascinanti per la mente umana.

Questi esseri malevoli hanno radici profonde nella psiche umana, e le loro leggende si sono tramandate attraverso le generazioni, trascendendo il tempo e lo spazio. Sin dall'alba della civiltà, sono stati dipinti come agenti del caos e dell'oscurità, portatori di disgrazie e inganni. Il nostro compito è quello di addentrarci in questo mondo di credenze oscure e scoprire cosa si cela dietro le maschere demoniache.

Ma vi è da avvertire, caro lettore, che il pericolo che i demoni rappresentano non va sottovalutato. Non sono creature da prendere alla leggera, né da evocare senza una conoscenza adeguata. La loro malevolenza è reale, sebbene possa esprimersi in modi che sfuggono alla comprensione razionale. Pertanto, mentre ci immergiamo nelle profondità delle credenze demoniache, è fondamentale tenere presente che queste forze oscuramente insondabili meritano rispetto e una certa dose di timore.

Con un approccio basato sulla conoscenza, cercheremo di gettare luce su ciò che si nasconde nelle ombre. Attraverso le pagine di "Demoni," esploreremo le origini, le leggende e la psicologia che circonda queste creature demoniache. Ma siate preparati, cari lettori, perché il cammino che intraprenderemo sarà disseminato di enigmi, oscurità e, forse, una rivelazione o due che potrebbero turbare la vostra percezione della realtà.

Il nostro viaggio nella demonologia è appena cominciato, e mentre ci inoltriamo nei recessi di questa disciplina, ricordate sempre che la prudenza e il rispetto per l'ignoto sono il vostro migliore alleato. Insieme, cercheremo di svelare il mistero dei demoni, ma senza mai dimenticare che nelle tenebre potrebbero nascondersi orrori inimmaginabili.

Nel nostro incalzante percorso attraverso il regno dei demoni, è essenziale gettare una luce chiara sulla loro natura sfuggente e misteriosa. I demoni sono, innanzi tutto, entità sovrannaturali, e questa è una chiave fondamentale per comprenderli. Si ergono al di là dei confini del mondo naturale, sfidando le leggi della fisica e dell'essenza umana. Questa sovrannaturalità è ciò che li rende così inafferrabili, così insidiosi, e infonde loro il potere di suscitare terrore profondo.

Il tratto distintivo dei demoni, una caratteristica che si ripresenta in molte culture e tradizioni, è la loro connessione con il male. Sono spesso descritti come agenti della distruzione, del caos e dell'oscurità, una forza che si oppone all'ordine e alla virtù. Questa associazione al male è profondamente radicata nella psiche umana, evocando un timore ancestrale per le forze oscure che minacciano l'equilibrio del mondo.

La varietà delle incarnazioni dei demoni attraverso le culture è sorprendente e affascinante. Ogni società ha forgiato la propria immagine di questi esseri sovrannaturali, spesso in risposta ai loro timori più profondi e alle sfide che hanno affrontato nel corso della storia. Mentre le rappresentazioni possono variare notevolmente, alcuni tratti comuni emergono costantemente. Le ali nere, gli artigli affilati, le corna sinistre e gli sguardi penetranti sono solo alcune delle caratteristiche condivise che ritornano nelle leggende e nelle visioni dei demoni.

Il nostro percorso ci porterà a esplorare queste diverse rappresentazioni dei demoni, da quelli tradizionali nelle culture occidentali, come il diavolo cristiano, ai demoni giapponesi Yokai e ai Rakshasa dell'India. Ogni cultura ha plasmato il proprio pantheon di demoni, ciascuno con una storia unica e un'identità che riflette le paure e le credenze di quella società.

È importante tenere a mente, caro lettore, che sebbene le rappresentazioni varino, l'essenza oscura e la malvagità associata ai demoni sono elementi comuni in tutto il mondo. Queste creature sono pericolose, in quanto incarnano l'oscurità che risiede nell'animo umano. Mentre ci immergiamo in questo studio, non dimenticate mai che, anche se le loro forme possono variare, la loro essenza malevola rimane costante. È un avvertimento che dovrebbe essere impresso nella mente di chiunque cerchi di addentrarsi in questo mondo di ombre e misteri.

Nel nostro ininterrotto cammino nel mondo dei demoni, incontriamo una figura chiave, quella del demonologo. Questi individui, che dedicano la loro vita allo studio e alla comprensione delle credenze e delle manifestazioni legate ai demoni, sono un anello cruciale nel mosaico della demonologia. Essi rappresentano la luce nell'oscurità, coloro che si addentrano nei recessi dell'ignoto per cercare di gettare luce sulla natura sfuggente dei demoni.

Il demonologo è una sorta di detective delle tenebre, un investigatore della psiche umana e delle credenze sovrannaturali. Questi esperti si immergono nei racconti e nelle testimonianze di avvistamenti demoniaci, studiano gli antichi testi e analizzano le rappresentazioni artistiche e letterarie per svelare i misteri dietro queste forze oscure. Il loro compito non è per i deboli di cuore, poiché devono affrontare la malvagità e la deviazione dall'ordine naturale che i demoni rappresentano.

Ma cosa spinge individui ad abbracciare questa disciplina, che può sembrare un tuffo nell'ignoto pericoloso? La risposta risiede nella profonda attrazione che i demoni esercitano sulla mente umana. La demonologia è un campo che attrae studiosi, ricercatori e curiosi, poiché promette di svelare gli arcani segreti dell'oscurità. È un'indagine nell'ignoto, un tentativo di decifrare il codice dietro le credenze e le manifestazioni demoniache che permeano la storia umana.

Il motivo di tale affascinazione risiede nel desiderio umano di comprendere ciò che si cela nell'ombra, di affrontare le paure più profonde e di scrutare l'ignoto con occhi curiosi. La demonologia offre una finestra in un mondo in cui la razionalità cede il passo all'irrazionale, dove la luce coesiste con l'oscurità, e dove il male e il mistero si intrecciano in un intricato balletto.

I demonologi, dunque, si avventurano in questo territorio inesplorato con coraggio e determinazione. La loro missione è quella di portare alla luce ciò che è nascosto, di decifrare i segreti delle credenze demoniache e di comprenderne le manifestazioni. Questi individui sono mossi dalla sete di conoscenza, dalla curiosità insaziabile e da un profondo rispetto per la complessità dell'esperienza umana.

Mentre ci addentriamo sempre più nelle profondità della demonologia, caro lettore, ricordate che il lavoro dei demonologi è un'arte sottile e pericolosa. Affrontano forze che sfuggono alla comprensione umana, eppure il loro impegno nel svelare i misteri dei demoni è un tributo alla perseveranza dell'intelletto umano. E mentre esploriamo ulteriormente questo mondo oscuro e inquietante, tenete sempre presente che, nonostante la loro passione per la conoscenza, i demoni rimangono pericoli reali e inafferrabili che meritano la massima cautela.

Accompagniamo il nostro esploratore nel viaggio attraverso il labirinto del tempo, un percorso che ci condurrà all'indietro nel tempo per esaminare le radici storiche delle credenze demoniache, un'epopea che si dipana dalle civiltà antiche fino ai giorni nostri. In questo straordinario viaggio, ci immergeremo nelle profondità della storia umana, svelando le testimonianze storiche e i resoconti che rafforzano l'idea dell'influenza dei demoni sulla cultura umana.

Già nelle antiche civiltà, le credenze nei demoni e nelle forze sovrannaturali erano pervasivi e profondamente radicate. Gli Egizi, i Babilonesi e gli Assiri, solo per citarne alcune, onoravano o temevano divinità demoniache, che esercitavano il loro potere nell'ombra della mitologia. Queste figure oscure erano spesso associate al caos, alla malvagità e alla distruzione, e i riti e le cerimonie venivano spesso condotti per placarli o allontanarli.

Mentre ci spostiamo attraverso le epoche, giungiamo al periodo medievale, quando le credenze demoniache raggiunsero il loro apice in Europa. Le streghe e i loro presunti patteggi con il diavolo gettarono un'ombra tetra sulla cultura dell'epoca. Le streghe venivano considerate seguaci dei demoni, e la caccia alle streghe divenne una piaga, scatenando il terrore e il fanatismo religioso.

Le testimonianze storiche di esorcismi e possessioni demoniache sono leggende ben documentate nel corso della storia. In epoche diverse e in luoghi diversi, individui hanno raccontato esperienze inquietanti di essere posseduti da forze oscure, costringendo gli esorcisti ad intervenire. Questi resoconti, spesso accompagnati da comportamenti straordinari e cambiamenti fisici, rafforzano l'idea che i demoni siano entità reali e inafferrabili che possono influenzare la vita umana in modi sconcertanti.

L'idea dei demoni e del loro potere si estende anche al mondo delle religioni, con l'immagine di Satana nel cristianesimo, una figura di assoluto male che rappresenta la lotta eterna tra il bene e il male. Queste credenze hanno avuto un impatto profondo sulla moralità, la cultura e l'arte, plasmando la visione del mondo di intere società.

Così, mentre attraversiamo il flusso del tempo, è impossibile ignorare l'influenza dei demoni sulla cultura umana. Le credenze, le testimonianze e i resoconti storici testimoniano il potere di queste forze oscure nella psiche umana. Tutto ciò ci avvicina a comprendere perché i demoni siano stati oggetto di così tanta attenzione, e ci avverte che, nonostante la modernità, il loro potere oscuro non si è mai completamente dissolto.

Nel proseguire nel nostro esame della demonologia, esploriamo ora l'affascinante aspetto dell'attrazione umana per l'ignoto e l'oscuro. È una tematica che getta luce su una delle contraddizioni più affascinanti della psiche umana: il desiderio innato di esplorare e comprendere ciò che suscita terrore e orrore, a prescindere dai pericoli che possono insorgere.

L'umanità è da sempre attratta dall'ignoto, dal mistero e dall'oscuro. Siamo creature intrinsecamente curiose, spinte a indagare le profondità dell'ignoto, a sfidare le tenebre e a cercare risposte laddove altri temono di scrutare. Questa irresistibile attrazione per il mistero oscuro si manifesta in varie sfaccettature della nostra esistenza, dalle ricerche nelle regioni sovrannaturali all'esplorazione degli abissi dello spazio e degli oceani. È una forza che ci sprona a superare i nostri limiti, a sfidare l'ignoto e a cercare di decifrare l'incomprensibile.

All'interno del contesto della demonologia, questa attrazione per l'oscuro diventa particolarmente evidente. Nonostante la natura malevola dei demoni, la loro essenza enigmatica e il loro potere seducente esercitano un'attrazione straordinaria sulla mente umana. Sembra quasi che siamo magnetizzati verso un abisso oscuro che ci avvolge, trascurando persino il terrore che può suscitare. Questa fascinazione oscura ci spinge a cercare di comprendere, a penetrare nei segreti dei demoni, nonostante l'angoscia che ci provoca.

L'attrazione per l'oscuro è profondamente intessuta nella nostra cultura. Opere letterarie, cinematografiche, televisive e artistiche spesso affrontano temi legati ai demoni, alimentando ulteriormente la nostra curiosità morbosa. Il motivo per cui decidiamo di esplorare il mondo dei demoni non è semplicemente il desiderio di essere spaventati o di ricercare l'adrenalina di un brivido; è anche il bisogno di risposte a domande profonde sulla natura umana, sulla lotta tra il bene e il male e sulla fragilità della nostra esistenza.

Tuttavia, è fondamentale tenere sempre presente che, nonostante l'attrazione che possiamo nutrire per l'ignoto e l'oscuro, i demoni rimangono creature pericolose e inafferrabili. La loro malvagità è reale, e le conseguenze di avvicinarsi troppo a queste forze oscure possono essere devastanti. Mentre approfondiamo l'argomento dell'attrazione per il mistero oscuro, facciamolo con la massima consapevolezza, con il rispetto per i pericoli intrinseci e con una costante attenzione alla nostra sicurezza spirituale.

L'approccio che adotteremo in questo studio sulla demonologia è rigorosamente basato sul metodo scientifico. Questo approccio è fondamentale per analizzare in modo razionale e obiettivo le credenze e le manifestazioni legate ai demoni, cercando di separare la realtà dalla finzione. Nell'ambito di questa disciplina, il metodo scientifico diventa una guida essenziale per sondare le profondità dell'ignoto con precisione e chiarezza.

Il metodo scientifico è una metodologia rigorosa che si basa sull'osservazione, la raccolta di dati, l'analisi critica e la verifica delle ipotesi. È uno strumento cruciale per esplorare il mondo dei demoni in modo sistematico e basato su prove concrete. Ogni aspetto delle credenze demoniache, ogni testimonianza o resoconto, sarà sottoposto a un'esame attento attraverso questo metodo, al fine di separare i fatti dalla fantasia.

Una delle prime sfide che affronteremo è la raccolta di dati affidabili sulle credenze e le manifestazioni demoniache. Ciò richiederà la consultazione di antichi testi, documenti storici, resoconti di esperienze personali e ricerche accademiche. I dati raccolti saranno sottoposti a una valutazione critica per determinare la loro validità e affidabilità.

Successivamente, analizzeremo le credenze e le rappresentazioni dei demoni in vari contesti culturali e storici. Questo ci permetterà di individuare schemi ricorrenti, similitudini e differenze nelle diverse rappresentazioni dei demoni nel corso del tempo. Cercheremo di comprendere come queste credenze abbiano influenzato la psiche umana e la cultura.

Una parte essenziale del nostro approccio scientifico sarà l'esame delle testimonianze e delle esperienze personali riguardanti incontri con demoni. Queste testimonianze verranno esaminate con uno sguardo critico per determinare se ci sono elementi oggettivi o se possono essere attribuite a fenomeni psicologici o sociologici.

Infine, cercheremo di avanzare ipotesi e teorie basate sui dati raccolti e sull'analisi condotta. Queste ipotesi saranno sottoposte a ulteriori verifiche attraverso metodi scientifici appropriati, come studi sperimentali o indagini statistiche. L'obiettivo è giungere a conclusioni informate e basate su prove solide riguardo alle credenze demoniache.

In questo contesto scientifico, è fondamentale mantenere un atteggiamento obiettivo e distaccato. Sebbene il nostro studio possa essere affascinante e intrigante, non possiamo mai dimenticare che i demoni rappresentano forze oscure e pericolose. Il metodo scientifico ci guiderà nell'esplorazione di questo mondo oscuro, ma dobbiamo farlo con rispetto per i pericoli intrinseci e con la consapevolezza che la nostra ricerca potrebbe rivelare verità sconcertanti.

Il nostro viaggio attraverso la demonologia continua, guidato dalla luce del metodo scientifico. Attraverso l'osservazione, l'analisi e la verifica, cercheremo di gettare luce sulle credenze demoniache, separando il reale dall'immaginario e cercando di comprendere l'influenza di queste forze oscure sulla mente umana.

Continuando la nostra incursione nella demonologia, focalizziamo ora la nostra attenzione sulla magia nera, un'oscura e potente pratica spesso associata ai demoni. Questa connessione tra i demoni e la magia nera getta una luce sinistra sull'argomento, poiché sottolinea l'oscurità e la potenza che circondano questa disciplina.

La magia nera è spesso vista come una forma di magia che utilizza forze oscure per ottenere scopi personali o influenzare gli eventi. Il suo legame con i demoni risiede nella credenza che queste entità sovrannaturali possano essere evocate o controllate attraverso incantesimi, rituali e pratiche magiche. Questi rituali possono variare in complessità, ma spesso coinvolgono l'uso di simboli, incantesimi e offerte per attirare l'attenzione dei demoni.

Gli incantesimi e i rituali di magia nera spesso mirano a ottenere potere, ricchezza, vendetta o altre mete personali. Tuttavia, ciò che rende la magia nera particolarmente inquietante è la sua connessione con il male, la distorsione dell'ordine naturale e il rischio che comporta. I praticanti di magia nera cercano di manipolare le forze demoniache per ottenere ciò che desiderano, ma a un prezzo molto alto.

Le credenze legate alla magia nera sostengono che i demoni possono essere invocati o addirittura comandati attraverso rituali specifici. Tali pratiche includono l'uso di sigilli o pentacoli demoniaci, la recitazione di formule magiche e l'offerta di sacrifici o doni. L'obiettivo è entrare in contatto con queste entità sovrannaturali per ottenere il loro favore o la loro assistenza nelle imprese magiche.

È fondamentale sottolineare che la magia nera è ampiamente condannata e considerata pericolosa dalla maggior parte delle tradizioni religiose e delle società. Queste pratiche sono viste come un tentativo di manipolare forze oscure e potrebbero avere conseguenze gravi sia per il praticante che per coloro che vengono coinvolti involontariamente. In molti casi, la magia nera è associata a comportamenti devianti e illegali, che spesso sfociano in tragedie.

In questo contesto, è importante sottolineare che anche se la magia nera è collegata ai demoni, non tutti coloro che praticano la demonologia si impegnano in queste pratiche oscure. Molti demonologi si concentrano sulla ricerca, l'analisi e la comprensione delle credenze e delle manifestazioni demoniache senza coinvolgersi in rituali o incantesimi.

Mentre continuiamo a esplorare la relazione tra demoni e magia nera, teniamo sempre presente che queste pratiche sono viste come pericolose e non vanno affrontate con leggerezza. Il nostro viaggio ci porterà a esaminare in dettaglio le credenze e le pratiche legate a questa oscura disciplina, ma lo faremo con la massima cautela e rispetto per i pericoli che essa comporta.

Esploriamo ora un aspetto fondamentale dell'immagine dei demoni: la loro oscura e seducente attrazione. I demoni sono spesso rappresentati come tentatori irresistibili, figure che conducono l'umanità verso il peccato e la rovina. Questa rappresentazione evoca una profonda inquietudine e pone la questione di come l'influenza dei demoni possa plasmare il comportamento umano.

I demoni sono spesso ritratti come esseri affascinanti e carismatici, capaci di intrappolare le menti e le anime umane con la loro bellezza e il loro fascino. Questa immagine è particolarmente evidente nelle tradizioni mitologiche e religiose, dove i demoni sono descritti come creature che tentano gli esseri umani a deviare dalla retta via. Il loro potere seducente è un elemento centrale di molte storie e leggende, in cui si intrecciano desideri proibiti e trappole oscure.

La rappresentazione dei demoni come tentatori può essere vista come una riflessione della complessità della natura umana. Spesso siamo attratti da ciò che è proibito o pericoloso, spinti da un desiderio di sfidare le regole e sperimentare l'ignoto. Questa attrazione può essere potente e, in alcuni casi, può portare a decisioni e azioni che hanno conseguenze negative. Il concetto di tentazione demoniaca riflette la lotta eterna tra l'istinto umano e la moralità, tra il desiderio e la coscienza.

L'immagine dei demoni come seduttori malvagi può anche essere considerata una rappresentazione simbolica dei pericoli che minacciano la nostra integrità morale e spirituale. Rappresenta la lotta contro la corruzione e l'oscuro desiderio di cedere alle tentazioni che possono portare alla rovina. Questo tema è ampiamente presente nella letteratura e nell'arte, servendo da monito contro la fragilità dell'animo umano.

Tuttavia, è fondamentale ricordare che, nonostante l'immagine seducente dei demoni, la loro malvagità è reale e pericolosa. Queste creature sono spesso raffigurate come inganni malevoli, pronte a trarre vantaggio dalle debolezze umane. La loro influenza può essere devastante, e la lotta contro la tentazione demoniaca rappresenta una sfida cruciale per l'umanità.

L'ombra dei demoni continua a gettare la sua influenza su varie sfere della cultura, della letteratura, della religione e dei media, anche in tempi moderni. Nonostante il progresso della scienza e della razionalità, la presenza dei demoni rimane pervasiva e inquietante, riflesso dell'eterna lotta tra il bene e il male.

Nella cultura contemporanea, i demoni sono spesso presenti come figure oscure e minacciose. Questa presenza può essere vista nelle opere letterarie, nei film, nelle serie televisive e nei videogiochi. I demoni rappresentano spesso l'antagonista, la forza malvagia che deve essere sconfitta o contrastata. Queste rappresentazioni contemporanee continuano a nutrire l'immaginario collettivo riguardo all'oscurità dei demoni e alla loro capacità di corrompere e distruggere.

Inoltre, nelle sottoculture legate all'occultismo e all'esoterismo, i demoni occupano un posto significativo. Ci sono pratiche ritualistiche e cerimoniali che coinvolgono l'invocazione o il contatto con queste entità sovrannaturali. Queste sottoculture spesso attraggono coloro che sono interessati al mistero e all'ignoto, cercando di svelare segreti nascosti o di ottenere poteri soprannaturali attraverso l'interazione con i demoni.

La presenza e l'influenza dei demoni non si limitano solo alla cultura popolare o alle sottoculture, ma si estendono anche alla religione. In molte tradizioni religiose, i demoni sono considerati avversari spirituali, forze del male che cercano di deviare i credenti dalla loro fede. Le credenze religiose includono spesso preghiere o riti di esorcismo per allontanare i demoni e proteggere i fedeli dalla loro influenza.

È importante notare che, anche se la presenza dei demoni persiste nella cultura moderna, le rappresentazioni variano notevolmente. Alcune opere possono dipingere i demoni come creature malvage e spietate, mentre altre possono cercare di esplorare la complessità delle loro nature. Questa diversità di rappresentazioni riflette la ricchezza dell'immaginario demoniaco e il suo potere di stimolare discussioni e riflessioni profonde sulla natura dell'umanità e del male.

L'ombra dei demoni continua a estendersi attraverso le epoche, lasciando un'impronta indelebile sulla cultura umana. La loro presenza e influenza nella cultura, nella letteratura, nella religione e nei media contemporanei ci ricordano l'eterna lotta tra le forze del bene e del male. Nonostante il progresso della società moderna, i demoni rimangono una parte importante dell'immaginario umano, richiamando l'attenzione su temi profondi e universali.

Concludiamo questo capitolo considerando che, nonostante la loro natura sovrannaturale, i demoni rappresentano una minaccia simbolica profonda nella psiche umana. La loro presenza continua a evocare paura e inquietudine, riflettendo il nostro eterno confronto con le forze oscure che si annidano nell'ignoto.

I demoni, in tutte le loro varie rappresentazioni e incarnazioni, servono da specchio per la nostra comprensione del male e delle tentazioni che affrontiamo nel corso delle nostre vite. La loro presenza simbolica ci ricorda costantemente che, sebbene possiamo raggiungere altezze straordinarie nella conoscenza e nel progresso, le minacce nascoste e invisibili possono ancora insidiare il nostro cammino.

Invito il lettore a proseguire la lettura di questo libro con attenzione, poiché esploreremo in profondità la natura inquietante dei demoni, le loro origini, le credenze che li circondano, i poteri che si suppone abbiano e le leggende che li circondano. Approfondiremo anche i metodi per affrontarli e proteggerci dalle loro influenze oscure.

Nella nostra ricerca della verità su queste forze misteriose e pericolose, dobbiamo mantenere una mente aperta e una consapevolezza costante dei pericoli che ci attendono. La lettura di questo libro rappresenta un primo passo nel nostro viaggio per comprendere appieno il mondo dei demoni e il loro impatto sulla nostra esistenza.

La minaccia dei demoni, sebbene possa sembrare lontana e sovrannaturale, continua a esercitare una profonda influenza sulla nostra cultura e sulla nostra percezione del male. Attraverso l'esplorazione dettagliata di queste oscure entità, spero che il lettore possa acquisire una comprensione più profonda di questa parte intricata della psiche umana e delle forze che si annidano nell'ombra.

Capitolo 2
Origini e Evoluzione dei Demoni

Nel nostro viaggio alla scoperta delle origini e dell'evoluzione dei demoni, è fondamentale iniziare esaminando le prime tracce storiche di queste entità nelle antiche civiltà. Le culture sumere, babilonesi ed egiziane rappresentano un punto di partenza cruciale per comprendere le prime concezioni di demoni nelle società antiche, gettando le basi per le credenze che si sono evolute nel corso dei millenni.

Nella civiltà sumerica, una delle più antiche del mondo, i demoni erano considerati esseri sovrannaturali, spesso associati a entità malevole che potevano arrecare danni e malattie agli esseri umani. I sumeri attribuivano a questi demoni la responsabilità di molte delle sventure che colpivano la loro società, e cercavano metodi per placarli attraverso rituali e offerte.

Nelle culture babilonesi, che successivamente influenzarono in modo significativo la mitologia e la religione dell'antico Medio Oriente, i demoni erano anch'essi visti come entità malvagie e malevole. I babilonesi credevano che i demoni fossero responsabili di disturbi fisici e mentali, e cercavano di proteggersi da loro tramite amuleti e incantesimi protettivi.

L'antico Egitto, con la sua ricca tradizione mitologica, aveva una visione più sfumata dei demoni. Qui, alcune entità sovrannaturali venivano considerate divinità benevole, mentre altre erano considerate più ambigue. Tuttavia, anche nell'antico Egitto esisteva la concezione di demoni come esseri malvagi o oscuri, spesso associati a forze distruttive.

Questi primi accenni alle credenze nei demoni nelle culture sumere, babilonesi ed egiziane ci offrono un quadro iniziale delle prime concezioni di queste entità nell'antichità. Sebbene le rappresentazioni e le credenze potessero variare da una civiltà all'altra, un elemento comune emerge: i demoni erano visti come forze misteriose e spesso malevole che potevano influenzare la vita umana in modi sinistri. Con il passare del tempo, queste concezioni si sarebbero evolute e fuse con altre tradizioni religiose, creando un panorama sempre più complesso delle credenze demoniache. Continueremo a esplorare questa evoluzione nel corso del capitolo, scoprendo come queste antiche concezioni abbiano contribuito a plasmare il concetto moderno di demoni.

Continuando il nostro viaggio nell'explorazione delle origini e dell'evoluzione dei demoni, ci addentriamo nel concetto fondamentale di queste entità come forze sovrannaturali del male. Questa nozione, intrinsecamente collegata all'idea dei demoni, ha avuto un impatto significativo sulle credenze e le culture delle diverse società e religioni antiche.

I demoni, nelle loro prime concezioni, rappresentavano una categoria di esseri sovrannaturali spesso associati al male, al caos e all'oscurità. Questa connessione tra i demoni e il male era una caratteristica comune nelle credenze di molte culture antiche, che li vedevano come entità malevole capaci di arrecare danni e sventure agli esseri umani.

In queste prime credenze, i demoni erano spesso considerati responsabili di varie forme di malattia, sfortuna e calamità. Le società antiche attribuivano a queste entità il potere di infliggere dolore e sofferenza, e cercavano modi per placarli o proteggersi dalle loro influenze negative.

L'associazione tra i demoni e il male era intrinseca alle credenze religiose di molte culture antiche. Le divinità benevole venivano invocate per proteggere dalle minacce demoniache, e si sviluppavano pratiche ritualistiche e cerimoniali per allontanare o sottomettere queste forze oscure.

Queste concezioni iniziali dei demoni come forze sovrannaturali del male avrebbero un impatto duraturo sulle credenze successive, influenzando la demonologia e la religione. L'idea dei demoni come antagonisti spirituali avrebbe contribuito alla creazione di rituali di esorcismo e protezione, sottolineando il bisogno di difendersi da queste entità malevole.

Nel corso del capitolo, continueremo a esplorare come questa nozione di demoni come forze sovrannaturali del male si sia sviluppata e diffusa in diverse culture e religioni antiche, plasmando ulteriormente il nostro concetto moderno di queste enigmatiche entità. Resta con noi mentre sveliamo le sfumature e le evoluzioni di questa affascinante storia delle credenze demoniache.

Continuando il nostro viaggio nell'analisi delle credenze sui demoni, esploreremo ora come tali credenze si siano intrecciate e mescolate con le religioni politeiste e monoteiste nel corso dei secoli. Questo punto è cruciale per comprendere come i demoni siano stati integrati nei vari pantheon religiosi e nelle mitologie delle diverse culture.

Le credenze nei demoni non sono mai state stagne; al contrario, si sono evolute e adattate a diverse prospettive religiose e culturali. Questo processo di mescolanza ha avuto un ruolo significativo nella trasformazione delle concezioni demoniache, poiché le culture in contatto spesso scambiavano e reinterpretavano le loro credenze.

Nelle religioni politeiste, come quelle dell'antica Grecia e di Roma, le credenze sui demoni si sono fuse con il pantheon degli dèi e degli esseri sovrannaturali. Alcuni demoni divennero esseri subalterni o servitori degli dèi principali, mentre altri furono interpretati come creature malvagie in opposizione agli dèi benevoli. Questa integrazione ha contribuito a creare un panorama mitologico complesso, in cui i demoni agivano come figure complementari o antagoniste degli dèi.

Con l'ascesa delle religioni monoteiste, come il Cristianesimo, l'Ebraismo e l'Islam, le credenze sui demoni subirono ulteriori trasformazioni. I demoni divennero spesso visti come ribelli o angeli caduti che si erano opposti al Dio supremo, incarnando il male e la corruzione. Questa visione influenzò profondamente la demonologia cristiana, portando alla creazione di pratiche di esorcismo e a una forte preoccupazione per la protezione dalle influenze demoniache.

Mentre le credenze sui demoni si mescolavano con le religioni, le loro rappresentazioni e il loro ruolo nella mitologia si facevano sempre più complessi. Alcuni demoni venivano considerati portatori di conoscenza proibita, mentre altri erano visti come tentatori che conducevano l'umanità verso il peccato e la rovina.

Questo processo di mescolanza delle credenze è stato un elemento chiave nella formazione delle credenze moderne sui demoni, creando un ricco panorama di figure demoniache che spaziano da servitori divini a forze malefiche ribelli. Nel proseguimento del nostro capitolo, esploreremo ulteriormente come queste influenze religiose abbiano contribuito a definire il concetto moderno di demoni e come abbiano influenzato le pratiche e le credenze relative a queste enigmatiche entità.

Proseguiamo il nostro viaggio nell'analisi delle origini e dell'evoluzione dei demoni esaminando l'origine del termine "demoni" e come sia stato utilizzato nelle diverse culture per riferirsi a entità sovrannaturali spesso associate al male.

Il termine "demoni" ha radici linguistiche antiche e diverse interpretazioni culturali nel corso della storia. La parola stessa ha origine dal greco antico, dove "daimon" indicava inizialmente uno spirito o un essere sovrannaturale, senza connotazioni negative. In alcune culture, questi daimon erano visti come entità benevole o guardiani spirituali, mentre in altre potevano essere considerati neutri.

Tuttavia, con il passare del tempo e l'influenza di varie tradizioni culturali, il termine "demoni" iniziò ad essere associato a entità malevole o maligne. Questo cambiamento concettuale fu particolarmente evidente con l'avvento delle religioni monoteiste, come il Cristianesimo, che riconobbero i demoni come figure spirituali ribelli o angeli caduti che avevano abbracciato il male.

Nelle tradizioni cristiane, il termine "demoni" venne ampiamente utilizzato per identificare queste entità maligne, in contrasto con gli angeli e gli esseri celesti. I demoni venivano spesso visti come tentatori, corrompitori delle anime umane e portatori di peccato.

Nel corso della storia, il concetto di demoni si diffuse in diverse culture e religioni, assumendo diverse sfumature e rappresentazioni. Ad esempio, nelle tradizioni islamiche, i demoni sono noti come "djinns" e sono considerati esseri sovrannaturali con la capacità di influenzare gli eventi umani.

In altre culture, come quella giapponese, esistono concetti simili alle entità demoniache, come i "yokai" o i "oni", che rappresentano forze oscure o spiriti malevoli.

Questo processo di adattamento e reinterpretazione del termine "demoni" nel corso della storia ha portato alla diversificazione delle credenze e delle rappresentazioni di queste entità in tutto il mondo. Le radici linguistiche e culturali del termine continuano a influenzare la comprensione moderna dei demoni, creando una vasta gamma di figure demoniache con caratteristiche uniche e storie complesse.

Continuando la nostra esplorazione delle origini dei demoni, ci addentriamo ora nel territorio delle teorie proposte per spiegare l'origine di queste misteriose entità. Le origini dei demoni sono state oggetto di speculazione e dibattito per secoli, e diverse teorie sono state avanzate per cercare di gettare luce su questa enigmatica figura sovrannaturale.

Una delle teorie più comuni riguarda la connessione dei demoni con le divinità decadute o gli angeli caduti. Questa teoria è particolarmente prominente nelle tradizioni religiose monoteiste, come il Cristianesimo, dove si crede che alcuni angeli si siano ribellati contro Dio e siano stati esiliati, diventando così demoni. Questi angeli caduti, guidati da figure come Lucifero, sarebbero diventati le prime entità demoniache, incarnando la ribellione e il male.

Un'altra teoria suggerisce che le credenze nei demoni possano essere state influenzate da miti e leggende preesistenti in diverse culture. Molte culture antiche avevano già storie di creature malvagie o spiriti maligni, e queste figure potrebbero aver contribuito alla formazione delle credenze demoniache. L'adattamento e l'assimilazione di queste figure nei concetti demoniaci avrebbero contribuito a creare una vasta gamma di entità demoniache con caratteristiche uniche.

Altre teorie sottolineano l'aspetto psicologico nell'origine delle credenze demoniache. Si suggerisce che i demoni potrebbero rappresentare manifestazioni simboliche dei nostri timori più profondi, delle tentazioni e delle pulsioni negative presenti nella psiche umana. In questo senso, i demoni potrebbero fungere da proiezioni delle nostre paure e debolezze interiori, diventando manifestazioni di ciò che temiamo di più.

È importante notare che queste teorie non sono mutuamente esclusive e che le credenze nei demoni possono avere radici diverse in diverse culture e religioni. Il concetto di demoni è stato influenzato da una vasta gamma di fattori, tra cui aspetti religiosi, culturali e psicologici.

La diffusione del Cristianesimo ha avuto un impatto significativo sulle credenze riguardanti i demoni, contribuendo in modo sostanziale a trasformare e reinterpretare le figure demoniache presenti in altre religioni e culture. In questo punto esploreremo come l'evangelizzazione e la diffusione del Cristianesimo abbiano influenzato il concetto di demoni.

Quando il Cristianesimo si diffuse in diverse parti del mondo, portò con sé le proprie credenze sulla natura dei demoni e sulla loro origine. Questo processo di conversione spesso comportava la reinterpretazione e la trasformazione delle credenze locali riguardanti gli spiriti o gli esseri sovrannaturali. Le figure precedentemente neutre o benevole, come gli spiriti della natura, potevano essere reinterpretate come demoni o esseri maligni in contrasto con il Dio cristiano.

Un esempio notevole di questa trasformazione si verifica nelle Americhe durante l'evangelizzazione delle popolazioni indigene. Le credenze locali sugli spiriti della natura e sugli esseri sovrannaturali furono reinterpretate come demoni o entità maligne dal punto di vista cristiano. Questo processo di reinterpretazione aveva l'obiettivo di enfatizzare la superiorità della fede cristiana e di convertire le popolazioni locali al Cristianesimo, spesso tramite l'uso di esorcismi e pratiche di conversione.

Inoltre, il Cristianesimo ha contribuito a definire ulteriormente le caratteristiche dei demoni come esseri ribelli, angeli caduti o creature malvagie, contribuendo così a consolidare il concetto di demoni nelle credenze popolari.

Questa trasformazione delle credenze demoniache attraverso l'evangelizzazione cristiana è stata un elemento chiave nell'evoluzione del concetto di demoni nella storia delle religioni. Ha portato alla creazione di pratiche di esorcismo, rituali di protezione e una comprensione sempre più chiara delle forze malefiche che possono influenzare l'umanità.

Nel cuore del Medioevo, i demoni acquisirono un ruolo centrale nella demonologia, una disciplina che si occupava dello studio dei demoni, dei loro poteri e delle modalità per combatterli. Questo periodo storico vide un'ascesa significativa delle credenze e della paura dei demoni, contribuendo a plasmare la cultura religiosa e la società dell'epoca.

La demonologia medievale si basava fortemente sulle credenze cristiane e aveva l'obiettivo di identificare, classificare e comprendere le varie gerarchie demoniache. Si credeva che i demoni fossero creature malvagie che cercavano costantemente di tentare e corrompere gli esseri umani, portandoli lontano dalla fede cristiana. In questo contesto, la demonologia divenne una disciplina chiave per la Chiesa cattolica, che vedeva nei demoni una minaccia diretta alla fede dei fedeli.

I demonologi medievali svilupparono trattati e manuali specifici per affrontare i demoni, tra cui il famoso "Malleus Maleficarum" (Il martello delle streghe) scritto da Heinrich Kramer e Jacob Sprenger nel 1487. Questo libro trattava ampiamente il fenomeno delle streghe e delle pratiche magiche, attribuendo la responsabilità delle streghe ai demoni e offrendo dettagliate istruzioni su come identificarle e punirle.

Nella demonologia medievale, i rituali di esorcismo divennero essenziali per liberare le persone possedute dai demoni. Questi rituali spesso coinvolgevano l'uso di preghiere, incantesimi, simboli sacri e oli consacrati. L'obiettivo era quello di scacciare il demone dall'individuo posseduto e ripristinare la sua fede e purezza.

Le credenze demoniache erano così diffuse durante il periodo medievale che influenzarono non solo la sfera religiosa, ma anche la cultura popolare. Racconti di incontri con demoni, possessioni diaboliche e stregoneria divennero elementi comuni nelle storie e nelle leggende dell'epoca.

La demonologia medievale rappresenta un periodo cruciale nella storia delle credenze demoniache, in cui i demoni acquisirono una posizione centrale nella cultura religiosa e nella società. Questa disciplina influenzò direttamente la percezione dei demoni nella cultura occidentale e contribuì alla creazione di pratiche di esorcismo e rituali specifici per combatterli. Nel prossimo punto, esploreremo ulteriormente l'evoluzione delle credenze demoniache nel corso dei secoli successivi. Restate con noi mentre proseguiamo il nostro viaggio attraverso il mondo dei demoni.

L'evoluzione delle rappresentazioni dei demoni nella demonologia moderna è un aspetto affascinante da esaminare. In epoche più recenti, i demoni sono stati reinterpretati e riconfigurati in diversi modi, mantenendo un'aura di inquietudine riguardo alla loro presenza. In questo punto, esploreremo come i demoni siano stati ritratti e reinterpretati nei media e nelle sottoculture legate all'occultismo.

Una delle prime trasformazioni notevoli nel concetto di demoni avvenne nel periodo del Romanticismo, quando autori come Lord Byron, John Milton e Mary Shelley li raffigurarono come figure complesse e tragiche, lontane dall'immagine tradizionale di esseri malvagi. Queste rappresentazioni letterarie contribuirono a dare ai demoni una dimensione più ambivalente, in cui si mescolavano elementi di peccato e ribellione, ma anche di lotta contro l'oppressione.

Nel XX secolo, il cinema e la televisione hanno svolto un ruolo significativo nella diffusione delle rappresentazioni dei demoni. Film come "L'Esorcista" e "Rosemary's Baby" hanno amplificato la paura dei demoni, ritraendoli come minacce malefiche e mostruose. Allo stesso tempo, i demoni sono stati spesso utilizzati come antagonisti in film horror e thriller, sfruttando la loro natura inquietante per creare tensione e terrore.

Nel contesto delle sottoculture legate all'occultismo e all'esorcismo, i demoni sono spesso considerati oggetto di studio e adorazione. Alcune correnti dell'occultismo moderno cercano di contattare o invocare demoni per ottenere conoscenze o poteri speciali. Queste pratiche sono avvolte da un'atmosfera di mistero e rischiano di avere conseguenze negative per coloro che vi si avvicinano senza la dovuta conoscenza e cautela.

Le rappresentazioni dei demoni nella demonologia moderna sono state sfaccettate e complesse, oscillando tra l'ambiguità e il terrore. Nel prossimo punto, esamineremo come si sono sviluppati i metodi e le pratiche per affrontare i demoni nell'era contemporanea, cercando di separare la realtà dalla finzione. Restate con noi mentre continuiamo il nostro viaggio attraverso il mondo dei demoni.

L'evoluzione dell'immagine dei demoni nella cultura popolare è un fenomeno affascinante da esaminare. Questi esseri sovrannaturali, una volta considerati figure oscure e spaventose, sono stati trasformati e reinterpretati in vari media, mantenendo comunque una sottolineatura del loro carattere minaccioso. In questo punto, esploreremo come l'immagine dei demoni sia stata influenzata dalle rappresentazioni cinematografiche, dai videogiochi e dalla cultura popolare in generale.

Nel mondo del cinema, i demoni hanno continuato a essere una fonte di ispirazione per registi e sceneggiatori. Film come "Il Silenzio degli Innocenti" e "L'Esorcismo di Emily Rose" hanno contribuito a mantenere vivo il terrore associato ai demoni, mostrandoli come forze oscure che possono possedere e tormentare gli esseri umani. Queste rappresentazioni hanno alimentato l'immaginario collettivo e hanno rafforzato l'idea dei demoni come minacce incombenti.

Anche nei videogiochi, i demoni sono stati protagonisti in molti titoli, spesso presentati come avversari potenti e malvagi. Giochi come la serie "Devil May Cry" o "Doom" mettono i giocatori di fronte a demoni da sconfiggere, catturando l'essenza del confronto tra l'umanità e le forze oscure. Questi giochi offrono un'esperienza interattiva in cui i giocatori devono affrontare le sfide e le paure associate ai demoni.

Nella cultura popolare in generale, l'immagine dei demoni è stata utilizzata in vari contesti, dalla musica al mondo dell'arte. Band musicali hanno adottato simboli e iconografie demoniache per creare un'atmosfera di ribellione e provocazione. Artisti visivi hanno spesso ritratto demoni in opere d'arte contemporanee, mescolando il sacro e il profano per suscitare emozioni e riflessioni.

L'immagine dei demoni nella cultura popolare è rimasta un elemento di fascinazione e paura. Le rappresentazioni nei media hanno contribuito a mantenerne viva la presenza, rafforzando l'idea di esseri malvagi che continuano a incutere terrore nell'immaginario collettivo. Nel prossimo punto, esamineremo come questa presenza dei demoni si sia radicata nella psiche umana, rappresentando una minaccia simbolica nella nostra cultura. Restate con noi mentre continuiamo a esplorare il mondo dei demoni.

La persistenza delle credenze sui demoni è un fenomeno intrigante che dimostra quanto queste figure sovrannaturali abbiano radici profonde nell'immaginario collettivo umano. Nonostante l'evoluzione delle società, delle religioni e delle credenze, i demoni continuano a essere presenti nell'immaginario e a influenzare la nostra comprensione del male e dell'occulto.

Questa persistenza delle credenze può essere attribuita a diversi fattori. In primo luogo, i demoni rappresentano una manifestazione del male e della tentazione, concetti universali che hanno una presenza costante nella vita umana. Le paure e le sfide legate al male sono parte integrante dell'esperienza umana, e i demoni fungono da simboli potenti per esprimere queste preoccupazioni.

Inoltre, le credenze nei demoni sono state tramandate attraverso le generazioni attraverso racconti, miti e tradizioni culturali. Le storie di incontri con demoni o possessioni demoniache sono parte integrante delle narrazioni popolari in molte culture. Queste storie contribuiscono a mantenere vivo l'interesse e la paura legati ai demoni. Nonostante il progresso scientifico e l'avanzamento delle conoscenze umane, molte persone continuano a credere nell'esistenza dei demoni o a considerarli almeno come potentissime metafore per il male e la corruzione. Questa persistenza delle credenze dimostra quanto il concetto di demoni sia profondamente radicato nella nostra psiche collettiva.

Capitolo 3
La Psicologia dei Demoni

Nell'esaminare l'influenza delle paure primordiali nel contesto delle credenze nei demoni, ci troviamo di fronte a un aspetto profondamente radicato nella psiche umana. Le paure primordiali, che affondano le loro radici nei tempi antichi della nostra evoluzione, sono diventate un terreno fertile per l'immaginario demoniaco.

La paura del buio, ad esempio, ha una lunga storia nell'evoluzione umana. Nei nostri antenati, il buio rappresentava un ambiente sconosciuto e potenzialmente pericoloso. L'incapacità di vedere chiaramente nel buio ha alimentato l'immaginazione umana, portando alla creazione di creature demoniache associate alle tenebre. Queste entità oscure incarnavano il terrore del buio, amplificando la paura di ciò che poteva nascondersi nell'oscurità.

In modo simile, la paura dell'ignoto è un'altra paure primordiale che ha contribuito alla formazione delle credenze nei demoni. L'ignoto rappresenta ciò che non si può controllare o prevedere, suscitando timori profondi e sospetti. I demoni sono diventati la personificazione di ciò che non riusciamo a comprendere o a spiegare, incarnando il mistero e la minaccia dell'ignoto.

La paura della morte, infine, è una delle paure più ancestrali e universali dell'umanità. La morte rappresenta l'ignoto definitivo, e la nostra incapacità di conoscere cosa accada dopo la vita ha portato alla creazione di credenze sul destino delle anime e sulle creature che possono venire a reclamare quelle anime. I demoni, spesso associati all'aldilà e all'aldilà oscuro, sono diventati guardiani dell'ignoto dopo la morte, incutendo timore e paura nell'umanità.

Le paure primordiali del buio, dell'ignoto e della morte hanno svolto un ruolo cruciale nella formazione delle credenze demoniache. Queste paure, profondamente radicate nella psiche umana, hanno alimentato l'immaginario demoniaco, contribuendo alla creazione di creature malvagie e oscure che rappresentano le nostre paure più profonde. E mentre esploriamo ulteriormente le origini delle credenze nei demoni, è importante tenere presente che queste paure primordiali continuano a influenzare il nostro modo di concepire il male e l'occulto.

L'effetto della socializzazione sulla formazione delle credenze nei demoni è un aspetto cruciale da esaminare. Spesso, queste credenze vengono trasmesse attraverso le generazioni, radicandosi profondamente nella cultura di una famiglia o di una comunità religiosa. Questo processo di socializzazione gioca un ruolo fondamentale nella creazione e nella perpetuazione delle credenze demoniache.

In molte famiglie, ad esempio, le credenze nei demoni vengono insegnate fin dalla giovane età. I genitori possono raccontare storie di demoni ai loro figli, avvertendoli dei pericoli che questi esseri sovrannaturali rappresentano. Questo tipo di socializzazione può contribuire a creare una paura profonda e duratura dei demoni nei giovani, che crescono con l'idea che questi enti malevoli sono reali e minacciosi.

Le comunità religiose svolgono un ruolo ancora più significativo nella formazione delle credenze demoniache. Le tradizioni religiose spesso insegnano una visione del mondo in cui i demoni sono avversari di Dio e delle forze del bene. I membri di queste comunità possono partecipare a rituali di esorcismo, preghiere e insegnamenti che rafforzano la realtà dei demoni e il loro potere negativo. In questo contesto, la socializzazione all'interno della comunità religiosa può contribuire a consolidare e rafforzare le credenze demoniache.

È importante notare che la socializzazione non si limita solo alle famiglie e alle comunità religiose. I media, come film, libri e programmi televisivi, possono anche giocare un ruolo significativo nel plasmare le credenze demoniache delle persone. Spesso, le rappresentazioni dei demoni nei media enfatizzano il loro lato oscuro e minaccioso, contribuendo così a rafforzare le percezioni negative.

L'effetto della socializzazione è una componente chiave nella formazione delle credenze nei demoni. La trasmissione di queste credenze da parte delle famiglie, delle comunità religiose e dei media gioca un ruolo fondamentale nel modellare la visione di queste entità sovrannaturali. Mentre esploriamo ulteriormente la psicologia dei demoni, è importante riconoscere l'influenza profonda che l'ambiente sociale può avere su di esse.

Le narrazioni e le storie hanno una potente influenza nella formazione delle credenze demoniache. Spesso, queste storie mitiche e religiose sono il veicolo attraverso cui vengono trasmessi concetti di bene e male, personificando le forze oscure nei demoni e solidificando queste credenze nelle menti umane.

Nelle tradizioni mitiche e religiose di molte culture, i demoni sono presentati come figure malevoli e corrotte. Le storie narrate all'interno di queste tradizioni spesso dipingono i demoni come avversari di divinità benevole o come agenti del male che cercano di corrompere l'umanità. Queste narrazioni servono a trasmettere valori morali e ad allontanare le persone dal male, sottolineando le terribili conseguenze di interagire con i demoni.

Un esempio noto è quello delle storie bibliche che descrivono l'arcangelo Lucifero come un angelo caduto, Satana, che si ribellò contro Dio. Questa narrazione è stata utilizzata per illustrare le conseguenze della ribellione e dell'orgoglio, enfatizzando il lato oscuro delle forze demoniache. Allo stesso modo, nelle tradizioni induiste, i demoni sono spesso rappresentati come avversari degli dei benevoli, creando un contrasto tra il bene e il male.

Le storie sui demoni possono anche essere utilizzate per spiegare eventi naturali o fenomeni inspiegabili. In molte culture, i demoni sono associati a catastrofi naturali, malattie o sfortuna. Queste narrazioni offrono una spiegazione alle sfide che l'umanità affronta, attribuendo tali eventi a forze demoniache contro cui bisogna proteggersi.

La psicologia delle allucinazioni è un aspetto importante da considerare quando si esaminano le esperienze demoniache. Le allucinazioni sono percezioni sensoriali che si verificano senza una stimolazione esterna adeguata, e possono influenzare la percezione delle persone in modi sorprendenti. Esplorando questo fenomeno, è possibile gettare luce su alcune delle esperienze demoniache riportate in tutto il mondo.

Una condizione spesso associata a esperienze demoniache è la paralisi nel sonno. Questo disturbo del sonno si verifica quando una persona si sveglia improvvisamente ma è completamente incapace di muoversi o parlare. Durante questi episodi, molte persone riportano esperienze terrorizzanti, come l'essere intrappolate da entità malevole o l'aver la sensazione di essere osservate da presenze demoniache. La paralisi nel sonno è spiegata dalla psicologia come un'interruzione nel normale passaggio tra il sonno e la veglia, che può portare a allucinazioni spaventose.

Un'altra condizione correlata è la schizofrenia, un disturbo mentale che può causare allucinazioni uditive e visive. Le persone affette da schizofrenia possono avere esperienze in cui sentono voci o vedono immagini, spesso percepite come demoni o presenze minacciose. La schizofrenia è una malattia complessa che coinvolge alterazioni nella percezione e nella cognizione, e le esperienze demoniache possono derivare da queste alterazioni.

La psicologia delle allucinazioni suggerisce che le esperienze demoniache possono avere basi neurologiche e psicologiche, anziché essere necessariamente legate a entità sovrannaturali. Questo non diminuisce l'esperienza emotiva e il terrore provati dalle persone che le vivono, ma offre una spiegazione scientifica alle manifestazioni dei demoni.

È importante sottolineare che le persone che soffrono di esperienze demoniache dovrebbero cercare assistenza medica e psicologica adeguata per valutare e trattare qualsiasi condizione sottostante. La comprensione delle basi psicologiche di queste esperienze può contribuire a fornire aiuto e supporto a coloro che ne hanno bisogno.

La cultura popolare gioca un ruolo significativo nella perpetuazione delle credenze nei demoni. Film, letteratura, serie TV e altri media spesso presentano rappresentazioni dei demoni che influenzano le percezioni comuni di queste entità sovrannaturali. Queste rappresentazioni possono variare ampiamente, ma hanno spesso un impatto profondo sulla percezione dei demoni.

Nei film, ad esempio, i demoni sono spesso ritratti come creature spaventose e malevole, capaci di causare terrore e distruzione. Queste rappresentazioni cinematografiche contribuiscono a rafforzare l'idea dei demoni come entità pericolose e minacciose nella mente delle persone. I registi e gli sceneggiatori utilizzano l'immaginario demoniaco per creare tensione e paura nei loro spettatori.

Anche nella letteratura, i demoni sono una presenza frequente. Dai classici romanzi gotici ai moderni thriller sovrannaturali, i demoni sono spesso protagonisti o figure cruciali nelle trame delle storie. Queste opere letterarie contribuiscono a mantenere viva l'immagine dei demoni come forze oscure che cercano di influenzare o danneggiare l'umanità.

Le serie TV, specialmente quelle di genere horror o fantasy, spesso esplorano le dinamiche dei demoni in modi intriganti. Le rappresentazioni televisive possono variare dalla personificazione del male puro a ritratti più complessi dei demoni come esseri ambigui con le loro motivazioni e i loro conflitti interni.

Inoltre, i videogiochi, soprattutto quelli di genere horror o fantasy, hanno anche contribuito a diffondere l'immagine dei demoni come avversari da sconfiggere o forze da temere. I giocatori spesso si trovano ad affrontare creature demoniache in ambienti osceni, aumentando la percezione del loro potere e della loro malvagità.

Le credenze nei demoni hanno radici profonde in diverse culture e religioni in tutto il mondo. Queste concezioni variano notevolmente da una tradizione culturale all'altra, ma tutte riflettono l'idea di entità sovrannaturali associate al male e all'oscurità.

In molte culture antiche, i demoni erano considerati divinità minori o spiriti malvagi che potevano portare malattie, sfortuna o altre disgrazie. Ad esempio, nelle culture sumere e babilonesi, c'erano credenze in demoni come i "Lilu" e le "Lilitu", creature demoniache associate al caos e alla distruzione. Nella tradizione egiziana, il concetto di demoni era legato alle forze del male, come il dio Seth, associato al caos e alla discordia.

Nelle religioni monoteiste come il Cristianesimo, l'Islam ed l'Ebraismo, i demoni sono spesso considerati ribelli o angeli caduti che hanno disobbedito a Dio e sono stati banditi dal cielo. Questi demoni sono visti come esseri malvagi che cercano di influenzare gli esseri umani e portarli sulla strada del peccato.

In alcune culture orientali, come la tradizione buddhista e quella taoista, ci sono credenze nei "Yaksha" e nei "You Hun," entità demoniache che rappresentano le forze negative della natura e dell'universo. Questi demoni sono spesso oggetto di rituali di esorcismo e purificazione.

In Africa, molte culture hanno credenze in spiriti o entità demoniache chiamate in vari modi, come "tokoloshe" in Sudafrica o "juju" in alcune regioni dell'Africa occidentale. Queste credenze spesso coinvolgono pratiche magiche e rituali per proteggersi dai demoni.

L'esorcismo è una pratica che ha radici profonde nelle credenze religiose e culturali, ed è spesso vista come un mezzo per liberare una persona o un luogo da presunte influenze demoniache o possessioni. Tuttavia, è interessante analizzare questa pratica attraverso una lente psicologica per comprendere meglio le motivazioni di coloro che cercano l'esorcismo e come questa pratica possa influenzare le loro esperienze.

Molte persone che cercano l'esorcismo possono farlo a causa di esperienze personali che ritengono siano il risultato dell'influenza di demoni o spiriti maligni. Queste esperienze possono includere sintomi come allucinazioni, comportamenti insoliti o disturbi mentali. In alcuni casi, le persone possono essere motivate a cercare l'esorcismo come una forma di aiuto e speranza per affrontare queste esperienze negative.

La psicologia può spiegare alcune delle percezioni e delle esperienze associate all'esorcismo. Ad esempio, l'allucinazione è un fenomeno psicologico ben noto, e le persone che credono di essere possedute possono sperimentare allucinazioni uditive o visive che attribuiscono a demoni o entità maligne. La suggestione e l'aspettativa possono anche giocare un ruolo significativo nelle esperienze delle persone durante un rito di esorcismo. Quando qualcuno crede fortemente che l'esorcismo possa liberarli da influenze demoniache, è più probabile che attribuiscano le loro esperienze di benessere successivo all'esorcismo stesso.

È importante notare che l'esorcismo non è una pratica riconosciuta o accettata dalla comunità scientifica o psicologica come trattamento per disturbi mentali o psicologici. Spesso, le persone che cercano l'esorcismo possono beneficiare di cure mediche e psicologiche appropriate per affrontare le loro preoccupazioni.

L'esorcismo può essere esaminato attraverso una lente psicologica per comprendere meglio le motivazioni e le esperienze delle persone coinvolte. Le credenze e le aspettative giocano un ruolo chiave nelle percezioni legate all'esorcismo, e la psicologia può aiutarci a esplorare tali dinamiche in modo più approfondito.

La connessione tra la paura dell'oscurità e i demoni è una parte intrigante delle credenze demoniache che ha radici profonde nella storia umana. La paura dell'oscurità è un elemento primordiale e ancestrale nella psiche umana. Fin dai tempi più antichi, l'oscurità rappresentava l'ignoto, il mistero e la potenziale minaccia. Questo timore dell'oscurità è stato spesso personificato attraverso l'idea di demoni e creature malevole che vagano durante la notte.

Nelle antiche culture, la notte era vista come un momento in cui i confini tra il mondo degli uomini e il mondo spirituale si assottigliavano, permettendo alle entità maligne, tra cui i demoni, di manifestarsi con maggior facilità. Questa convinzione ha contribuito a consolidare l'associazione tra l'oscurità e i demoni. La notte divenne un momento di pericolo, e la paura dell'oscurità si trasformò in una paura dei demoni e delle influenze maligne che si pensava si nascondessero nell'ombra.

Le storie e le leggende delle culture antiche spesso raccontavano di incontri spaventosi con creature demoniache durante le ore notturne. Queste storie servivano a rafforzare la convinzione che i demoni fossero particolarmente attivi al buio, e che le tenebre fossero un momento in cui la protezione dalle forze maligne era necessaria.

Anche nelle culture moderne, la paura dell'oscurità persiste, sebbene in misura minore rispetto al passato. Questa connessione tra l'oscurità e i demoni è stata alimentata da numerose rappresentazioni nella cultura popolare, come film horror che sfruttano l'atmosfera spaventosa della notte per creare suspense e terrore.

L'impatto dei media contemporanei, in particolare internet e le piattaforme social, nella diffusione delle credenze nei demoni è un aspetto intrigante da esaminare. Negli ultimi decenni, la tecnologia ha reso più facile che mai la condivisione di storie, esperienze e credenze riguardanti i demoni. Questa condivisione online ha creato una sorta di comunità virtuale di individui interessati all'occultismo e al soprannaturale, ma ha anche portato all'escalation di esperienze demoniache condivise.

Su Internet, esistono numerosi forum, gruppi di discussione e siti web dedicati all'occultismo, all'esoterismo e alle esperienze paranormali. Queste piattaforme forniscono uno spazio in cui le persone possono condividere le loro storie di incontri con i demoni, discutere le loro convinzioni e cercare conforto o spiegazioni tra individui che condividono le stesse credenze. Questa condivisione online può avere un effetto di rafforzamento delle credenze, poiché le persone trovano conferma e supporto tra coloro che hanno avuto esperienze simili.

Tuttavia, c'è anche un lato oscuro in questa condivisione online. Alcune persone potrebbero interpretare erroneamente eventi naturali o disturbi psicologici come esperienze demoniache, alimentando ulteriormente le loro paure e le loro credenze. Inoltre, la diffusione di informazioni inesatte o sensationalistiche su demoni e possessioni può portare a una percezione distorta di questa tematica.

Le piattaforme social, come Facebook, Twitter e YouTube, hanno anche contribuito a diffondere storie e contenuti legati ai demoni. I video su esperienze paranormali e esorcismi sono diventati virali, raggiungendo un vasto pubblico e contribuendo a mantenere vive le credenze nei demoni.

I media contemporanei hanno un impatto significativo nella diffusione e nell'escalation delle credenze nei demoni, creando una comunità online in cui le persone possono condividere le proprie esperienze e trovare conferma delle proprie convinzioni. Tuttavia, è importante considerare con attenzione la veridicità delle informazioni e l'interpretazione di esperienze paranormali, al fine di mantenere una prospettiva equilibrata e critica su questa materia.

Esaminare le esperienze di possessione demoniaca attraverso una lente psicologica è fondamentale per comprendere meglio questa tematica complessa e spesso enigmatica. Molti casi di presunte possessioni possono essere analizzati da uno spettro psicologico, portando a una prospettiva più razionale e scientifica.

Le persone che riferiscono di essere possedute dai demoni spesso manifestano una serie di sintomi e comportamenti che possono essere associati a disturbi mentali o condizioni psicologiche. Ad esempio, la schizofrenia può causare allucinazioni uditive e visive, che possono essere interpretate come la presenza di demoni. Allo stesso modo, i disturbi dissociativi possono portare a cambiamenti improvvisi e apparentemente incontrollabili nell'identità e nel comportamento, che possono essere scambiati per possessione.

La psicologia può anche spiegare come l'idea della possessione possa essere influenzata da suggestione, suggestibilità e suggestione di gruppo. Le persone che credono fermamente nella possibilità di essere possedute da un demone potrebbero manifestare sintomi di possessione attraverso un processo di autosuggestione, spinti dalla loro fede e dalla paura.

Inoltre, l'analisi psicologica può mettere in luce come le esperienze di possessione siano spesso culturalmente condizionate. In alcune società o comunità religiose, la possessione può essere considerata una forma accettata di manifestazione spirituale. In tali contesti, le persone possono sperimentare sintomi di possessione come parte di un rituale o di una pratica religiosa.

L'approccio psicologico alle esperienze di possessione demoniaca offre una spiegazione alternativa a fenomeni che possono sembrare soprannaturali. Questa prospettiva ci aiuta a comprendere meglio come le credenze, le condizioni mentali e i fattori culturali possano contribuire a creare l'illusione della possessione, mentre ci invita a mantenere una visione critica e basata sulla scienza di tali situazioni.

Capitolo 4
La Nascita dei Demoni

Nel vasto panorama delle credenze sui demoni, uno degli elementi intriganti riguarda le loro presunte origini mistiche e leggendarie. Le credenze antiche spesso attribuiscono un'origine mistica ai demoni, collegandoli a eventi celesti o divini. Queste leggende contribuiscono a creare un'aura di mistero intorno a questi esseri malvagi, alimentando la paura e la fascinazione che li circonda.

In molte culture antiche, i demoni erano considerati esseri nati da eventi sovrannaturali o da una ribellione divina. Ad esempio, nella tradizione cristiana, si crede che i demoni siano angeli caduti che si sono ribellati contro Dio. Questa storia di ribellione e caduta dal paradiso conferisce ai demoni un'origine mistica, essendo stati originariamente entità celesti che hanno perso la loro grazia divina.

Allo stesso modo, nelle culture pagane, si poteva trovare l'idea di demoni nati da divinità decadute o da unioni proibite tra divinità e esseri umani. Questi demoni avevano spesso caratteristiche uniche e poteri straordinari, derivanti dalle loro origini divine.

In altre tradizioni, i demoni erano considerati discendenti di esseri mitici o creati da forze cosmiche. La loro origine mistica contribuiva a spiegare la loro natura sovrannaturale e la loro capacità di infliggere danni e causare il male.

Le leggende legate all'origine mistica dei demoni hanno influenzato profondamente la percezione di questi esseri nell'immaginario collettivo. La loro connessione con eventi celesti o divini aggiunge un livello di mistero e potenza, contribuendo alla paura e al rispetto con cui sono spesso considerati. Ancora oggi, queste credenze antiche persistono nelle diverse culture, mantenendo viva la tradizione delle origini mistiche dei demoni.

Nel mondo dell'occultismo e delle credenze legate ai demoni, esistono tradizioni che sostengono la possibilità di creare o evocare demoni attraverso pratiche occulte e rituali complessi. Questi riti aggiungono un livello di mistero e fascino alle credenze legate ai demoni, poiché coinvolgono procedure magiche elaborate e l'uso di simboli, incantesimi e rituali specifici.

I rituali per la creazione o l'evocazione di demoni variano notevolmente a seconda delle tradizioni e delle credenze specifiche. Alcuni rituali richiedono l'uso di pentacoli, cerchi magici e candele, mentre altri potrebbero coinvolgere invocazioni vocali o la recitazione di formule incantatorie. L'obiettivo di questi rituali è di contattare o creare un legame con un demone specifico, spesso con lo scopo di ottenere potere, conoscenza o assistenza in qualche forma.

Va sottolineato che queste pratiche occulte sono spesso considerate pericolose e non vengono promosse dalla maggior parte delle tradizioni religiose e spirituali. Esse sono spesso associate a rischi per la salute mentale e spirituale, in quanto possono portare a esperienze negative o destabilizzanti.

Tuttavia, per coloro che credono nell'efficacia di tali rituali, essi rappresentano una via per entrare in contatto con entità demoniache o addirittura cercare di creare un legame con un demone per scopi specifici. Queste credenze e pratiche aggiungono un ulteriore livello di complessità al panorama delle credenze demoniache, contribuendo alla perpetuazione dell'idea che i demoni siano entità con le quali è possibile interagire attraverso metodi magici e rituali.

La demonologia è uno studio che si concentra sull'analisi e la comprensione dei demoni, delle loro caratteristiche, delle gerarchie e dei poteri attribuiti loro nelle diverse tradizioni religiose e spirituali. Nel corso della storia, la demonologia ha contribuito a sviluppare teorie sulla creazione intenzionale di demoni, sostenendo che gli esseri umani abbiano la capacità di evocare queste entità attraverso cerimonie specifiche, al fine di raggiungere obiettivi o ottenere poteri.

Queste teorie spesso implicano che i demoni siano considerati entità reali con cui è possibile interagire attraverso pratiche ritualistiche. I rituali associati a questa creazione intenzionale di demoni possono variare notevolmente a seconda delle tradizioni e delle credenze specifiche. Essi possono coinvolgere l'uso di sigilli, incantesimi, offerte o altre pratiche ritualistiche elaborate.

È importante sottolineare che la demonologia e le pratiche di creazione intenzionale di demoni sono argomenti controversi e spesso associati all'occultismo e alle tradizioni esoteriche. Queste pratiche sono generalmente considerate pericolose e non vengono promosse dalle principali religioni o tradizioni spirituali, che le vedono come potenziali fonti di danni o influsso negativo.

Per coloro che credono in queste teorie e pratiche, la demonologia rappresenta un campo di studio e pratica che offre la possibilità di esplorare e manipolare le forze demoniache per vari scopi, che possono includere il conseguimento di potere, la ricerca di conoscenza o il perseguimento di obiettivi personali. Tuttavia, va notato che queste credenze sono ampiamente contestate e considerate controverse dalla maggior parte delle autorità religiose e spirituali.

Le teorie scientifiche sulla formazione delle credenze nei demoni cercano di spiegare come tali convinzioni possano essere generate e mantenute nella mente umana senza necessariamente richiedere l'esistenza reale di queste entità. Queste spiegazioni si basano su processi psicologici e sociali, piuttosto che su eventi sovrannaturali. Ecco alcune delle teorie più comunemente discusse:

Influenza dei Media:

Una delle spiegazioni scientifiche più discusse riguardo alle credenze nei demoni è l'influenza dei media. Film, televisione, libri e altri mezzi di comunicazione possono presentare storie coinvolgenti su demoni e possessioni, che possono indurre il pubblico a credere nella loro esistenza. Questo è particolarmente evidente quando tali rappresentazioni sono realistiche e spaventose.

Suggestioni Collettive:

Le credenze nei demoni possono anche essere alimentate dalla suggestione collettiva, dove gruppi di persone condividono esperienze o credenze simili. Ad esempio, se un gruppo di individui afferma di aver avuto un'esperienza demoniaca, altre persone potrebbero essere influenzate da queste narrazioni e iniziare a credere nello stesso modo.

Attribuzione Causale:

La psicologia dell'attribuzione suggerisce che le persone tendano a cercare spiegazioni per eventi o fenomeni che non comprendono completamente. Quando si verificano esperienze insolite o spaventose, come allucinazioni notturne o paralisi del sonno, alcune persone possono attribuirle all'influenza di demoni o entità malvagie.

Esperienze Personali:

Le persone che affermano di aver avuto esperienze personali con demoni potrebbero attribuirle alla loro esistenza. Queste esperienze possono includere episodi di sonno disturbato, allucinazioni, stati alterati di coscienza o semplici paure notturne.

Fattori Culturali e Religiosi:

Le credenze nei demoni possono anche essere influenzate dai contesti culturali e religiosi in cui le persone crescono. Ad esempio, in alcune culture o religioni, i demoni sono una parte integrante della cosmologia e della mitologia, il che può portare le persone a incorporare queste credenze nella loro visione del mondo.

È importante notare che queste teorie scientifiche non negano completamente l'esistenza dei demoni, ma cercano di fornire spiegazioni alternative per le credenze demoniache che non richiedono necessariamente una dimensione sovrannaturale. Ciò nonostante, per molte persone, le credenze nei demoni rimangono una parte importante delle loro visioni del mondo e delle esperienze personali.

Nelle mitologie antiche di diverse culture, le storie sull'origine dei demoni offrono una visione affascinante delle credenze demoniache radicate in epoche passate. Queste narrazioni variano notevolmente, ma spesso condividono alcune tematiche comuni riguardo alla creazione e alla caduta di queste entità malvagie.

Divinità Decadute:

Una delle narrazioni più diffuse riguardo all'origine dei demoni coinvolge divinità o esseri celesti che sono caduti in disgrazia o sono stati banditi. Queste divinità decadute sono spesso descritte come ribelli o traditori, che sono stati esiliati dal regno celeste o divino. In molte tradizioni, queste figure decadute diventano poi demoni, portatori di male e corruzione.

Creature Primordiali:

Alcune mitologie antiche descrivono i demoni come creature primordiali, esseri che esistevano prima della creazione dell'umanità e che personificano forze oscure e caotiche della natura. Questi demoni spesso rappresentano le forze incontrollabili e distruttive dell'universo.

Scontri Divini:

In alcune tradizioni mitologiche, i demoni sono il risultato di scontri o conflitti divini. Ad esempio, una guerra tra divinità o la discordia tra figure divine possono generare demoni come sottoprodotti o conseguenze delle lotte divine. Questi demoni possono essere visti come creature vittime di circostanze divine turbolente.

Origini Umane:

In alcune mitologie, i demoni sono il risultato delle azioni umane o delle conseguenze di comportamenti negativi. Ad esempio, i peccati umani o i crimini possono generare demoni, che personificano le conseguenze di azioni immorali o malvagie.

Creature Trasformate:

Alcune narrazioni mitologiche raccontano di creature o esseri umani che sono stati trasformati in demoni a causa di eventi straordinari o maledizioni. Queste trasformazioni possono essere il risultato di punizioni divine o di eventi magici.

In queste mitologie antiche, i demoni spesso rappresentano forze oscure e minacciose, con cui gli esseri umani devono confrontarsi. Queste storie riflettono le paure e le preoccupazioni delle culture antiche e contribuiscono a formare le credenze demoniache che hanno perdurato nel corso della storia. Ancora oggi, tali leggende e narrazioni mitologiche continuano a influenzare la nostra comprensione dei demoni e delle entità malvagie.

Nel vasto panorama delle credenze popolari e del folklore, la nascita dei demoni è spesso avvolta in un'atmosfera di mistero e paura. Queste credenze folkloristiche possono variare ampiamente da una cultura all'altra, ma condividono la caratteristica comune di riflettere la paura dell'ignoto e l'ansia nei confronti delle forze oscure che sfuggono al nostro controllo razionale.

Nei racconti popolari, la nascita dei demoni è spesso associata a eventi o circostanze straordinarie. Ecco alcune delle credenze e delle narrazioni più comuni:

Luoghi Maledetti:

Molte culture hanno luoghi ritenuti maledetti o infestati da demoni. Questi luoghi spesso sono teatro di eventi tragici o violenze estreme, che si pensa abbiano generato presenze demoniache.

Malefici Riti Magici:

Nel folklore, la pratica di riti magici oscuri e malefici è spesso associata alla creazione o all'evocazione dei demoni. Le persone che cercano il potere o la vendetta possono essere tentate di intraprendere tali rituali, mettendo in moto una serie di eventi nefasti.

Maledizioni Familiari:

Alcune credenze folkloristiche suggeriscono che le maledizioni o le azioni malvagie di un individuo o di una famiglia possano portare alla generazione di demoni legati a quel gruppo. Questi demoni possono essere considerati portatori di sfortuna e calamità.

Patti con il Diavolo:

Il concetto di patti con il diavolo è una narrativa comune nel folklore. Si crede che le persone possano stipulare accordi con entità demoniache in cambio di potere, ricchezza o successo. Questi patti spesso si trasformano in una maledizione, con conseguenze terribili per coloro che li firmano.

Creature Trasformate:

In alcune storie popolari, le persone che hanno compiuto atti malvagi o immorali possono essere trasformate in demoni come punizione per le loro azioni. Queste creature demoniache rappresentano la trasformazione del male in forma fisica.

Il folklore legato alla nascita dei demoni è spesso permeato da elementi soprannaturali e tratti caratteristici delle storie dell'orrore. Queste credenze contribuiscono a alimentare la percezione dei demoni come entità malvagie e incontrollabili, da temere e da evitare. La persistenza di tali credenze nel folklore dimostra quanto profondamente radicate siano le paure e le ansie umane riguardo al mondo dell'occulto e delle forze oscure.

Nel vasto mondo delle leggende che circondano la creazione dei demoni, emergono racconti intricati e avvincenti che dipingono un quadro dettagliato dell'origine di queste creature maligne. Queste storie spesso coinvolgono figure mitiche o storiche, intrecciando elementi di realtà e soprannaturalità per spiegare l'origine dei demoni.

Una delle leggende più conosciute riguarda la figura di Lucifero, l'angelo caduto. Secondo questa narrazione, Lucifero era originariamente uno degli arcangeli più belli e potenti del cielo, ma la sua ribellione contro Dio lo ha trasformato in una figura demoniaca. Questa leggenda sottolinea la tematica dell'orgoglio e della caduta, suggerendo che il desiderio di potere e indipendenza può condurre alla creazione di un demone.

Altre leggende narrano storie di antichi rituali o incantesimi che hanno portato alla creazione dei demoni. In alcune culture, si crede che streghe o maghi malvagi abbiano sperimentato con il potere oscuro per evocare demoni dalla profondità dell'abisso. Questi rituali spesso coinvolgono offerte sacrificali e simboli magici, dando vita a demoni che agiscono come servitori dei loro creatori.

Alcune leggende si concentrano su figure storiche che, a causa delle loro azioni malvagie o depravate, sono state trasformate in demoni dopo la loro morte. Queste storie riflettono la convinzione che il male compiuto in vita possa avere conseguenze soprannaturali, trasformando l'anima del colpevole in un demone.

Le leggende sulla creazione dei demoni variano ampiamente da cultura a cultura, ma tutte convergono su un punto fondamentale: i demoni sono il risultato di eventi straordinari, spesso connessi a disobbedienze divine, desiderio di potere o atti malvagi. Queste narrazioni contribuiscono a mantenere viva la percezione dei demoni come entità malvagie e pericolose, pronte a tentare e a corrompere gli esseri umani.

La relazione tra la demonologia e le religioni è un argomento complesso e intrigante. Molte delle credenze sulla creazione dei demoni sono strettamente legate alle dottrine religiose, e la figura del diavolo è al centro di molte tradizioni spirituali. Esaminiamo come queste connessioni influenzino la percezione dei demoni nelle diverse religioni.

In molte tradizioni cristiane, il diavolo è considerato un angelo caduto, precedentemente noto come Lucifero o Satana. La sua ribellione contro Dio lo ha trasformato in una figura demoniaca, simbolo del male e dell'opposizione divina. Questa visione del diavolo come il capo dei demoni è centrale nella demonologia cristiana, influenzando la percezione dei demoni come esseri maligni che cercano di tentare gli esseri umani lontano dalla retta via.

Nella demonologia islamica, troviamo concetti simili. I djinn, esseri sovrannaturali creati da Allah, possono includere entità maligne che agiscono in modo simile ai demoni delle tradizioni cristiane. Questi djinn disobbedienti sono spesso associati al male e all'inganno.

Le religioni politeistiche e le tradizioni spirituali hanno anch'esse le loro visioni dei demoni. In alcune culture, ci sono credenze legate a divinità decadute o spiriti maligni che possono essere considerati demoni. Queste credenze variano ampiamente, ma spesso includono il concetto di creature malvagie che cercano di arrecare danni agli esseri umani.

Le dottrine religiose influenzano profondamente la percezione dei demoni, creando un quadro in cui queste entità sono viste come avversarie di Dio o degli dei, impegnate in attività malevole per tentare e corrompere l'umanità. Questi legami tra demonologia e religioni hanno contribuito a formare e a consolidare l'immagine dei demoni come forze del male da temere e affrontare.

Nel contesto contemporaneo, le credenze sulla creazione dei demoni hanno subito un'evoluzione interessante. Con l'avvento delle credenze occulte, delle teorie pseudoscientifiche e dell'interesse per l'occultismo, le idee sulla nascita dei demoni si sono adattate ai tempi moderni.

Una delle tendenze più rilevanti è l'idea che i demoni possano essere evocati o creati intenzionalmente attraverso pratiche occulte. Ciò può coinvolgere rituali, incantesimi o cerimonie, spesso basate su tradizioni esoteriche o ermetiche. Le persone che credono in queste pratiche ritengono che sia possibile stabilire un contatto con le forze demoniache per ottenere poteri o favore.

Le teorie pseudoscientifiche hanno anche contribuito a plasmare le credenze sulla creazione dei demoni nella cultura contemporanea. Alcuni individui sostengono che gli esseri umani possano involontariamente creare demoni attraverso la manifestazione dei propri desideri o paure. Questa idea suggerisce che il pensiero negativo o la focalizzazione su pensieri malvagi possano materializzare queste entità oscure.

Internet e i social media hanno svolto un ruolo significativo nella diffusione di queste credenze contemporanee sulla creazione dei demoni. Gruppi online e comunità virtuali dedicati all'occultismo e all'esplorazione di esperienze demoniache hanno reso più accessibili tali idee e hanno contribuito alla loro diffusione.

Le credenze sulla creazione dei demoni nel mondo contemporaneo sono un mix di tradizioni esoteriche, pseudoscienza e la condivisione di conoscenze online. Queste idee possono variare notevolmente da individuo a individuo, ma contribuiscono a mantenere viva l'aura di mistero e paura che circonda il concetto dei demoni.

L'incidenza delle credenze sulla creazione dei demoni è un aspetto cruciale da esaminare per comprendere il ruolo persistente di queste entità oscure nelle culture di tutto il mondo. Le teorie e le credenze riguardo all'origine dei demoni influenzano profondamente la percezione pubblica di questi esseri e contribuiscono alla loro costante presenza nelle coscienze umane.

Le credenze nel fatto che i demoni possano essere evocati o creati attraverso pratiche occulte alimentano l'interesse e la curiosità delle persone nei confronti di queste entità. Questo può portare a un aumento dell'interazione con l'occultismo e persino a esperimenti per cercare di entrare in contatto con i demoni. L'attrazione per l'ignoto e l'occulto può spingere alcune persone a sperimentare con pratiche rischiose, spesso senza rendersi conto dei pericoli associati.

Le teorie pseudoscientifiche sulla formazione dei demoni possono influenzare la percezione delle esperienze personali delle persone. Coloro che credono che i pensieri negativi o la focalizzazione su entità malvagie possano creare demoni possono sentirsi ancor più spaventati o tormentati dalle loro esperienze. Queste credenze possono rafforzare l'idea che i demoni siano reali e che abbiano un impatto significativo sulla vita delle persone.

L'influenza di internet e dei social media ha permesso la diffusione rapida di queste credenze e teorie, contribuendo a creare comunità virtuali di individui che condividono esperienze e convinzioni legate ai demoni. Questi spazi online forniscono un terreno fertile per la condivisione di storie, teorie e pratiche legate ai demoni, contribuendo così a mantenere vive queste credenze.

Le credenze sulla creazione dei demoni hanno un impatto tangibile sulla percezione pubblica di queste entità, mantenendo il loro fascino oscuro e contribuendo alla loro persistenza nelle culture di tutto il mondo. Queste credenze servono anche a mettere in guardia sulle potenziali conseguenze delle pratiche occulte e delle teorie pseudoscientifiche, sottolineando l'importanza di un approccio razionale e critico nei confronti di tali argomenti.

Capitolo 5
Storia dei Demoni Nei Secoli

Nell'antichità, le credenze demoniache erano fortemente radicate nelle mitologie di diverse culture. Uno dei punti di partenza fondamentali nella storia dei demoni è rappresentato dalle figure dei demoni primordiali. Questi esseri incarnavano il caos e la distruzione, rappresentando le forze primordiali del male che sfidavano l'ordine cosmico.

In molte culture antiche, si credeva che questi demoni primordiali fossero responsabili delle catastrofi naturali, delle malattie e di altre calamità. Eranovisti come entità potenti e spesso inafferrabili, in grado di infliggere sofferenze e miserie agli esseri umani. Le leggende e i racconti di queste figure malvagie variano notevolmente da una cultura all'altra, ma condividono spesso la caratteristica di personificare il male in una forma primitiva e caotica.

Le credenze nei demoni primordiali erano strettamente legate alla paura dell'ignoto e alla difficoltà di comprendere le forze naturali. Le catastrofi naturali, come terremoti e eruzioni vulcaniche, erano interpretate come manifestazioni dell'ira di questi demoni primordiali. Per proteggersi da tali minacce, le culture antiche svilupparono rituali, incantesimi e offerte per cercare di placare o allontanare questi esseri maligni.

È importante sottolineare che in queste credenze, i demoni primordiali erano spesso considerati insaziabili e incontrollabili, rendendo la loro minaccia ancora più spaventosa. Questi demoni costituivano una parte significativa dell'immaginario mitologico delle società antiche, influenzando profondamente la loro visione del mondo e del male. La persistenza di queste credenze attraverso i secoli ha contribuito a plasmare ulteriormente la storia dei demoni, portando alla creazione di nuove figure demoniache e alle loro rappresentazioni nelle diverse culture.

Nell'antica Mesopotamia, i demoni erano considerati entità malvagie che potevano portare malattie e sfortune agli esseri umani. Queste credenze avevano radici profonde nella cultura mesopotamica e si riflettevano in testi religiosi e rituali che miravano a proteggere le persone dagli influssi negativi dei demoni.

Le tavolette cuneiformi, che costituiscono una fonte preziosa per la comprensione delle credenze mesopotamiche sui demoni, contenevano incantesimi e formule magiche per scacciare o allontanare queste entità maligne. Gli scribi e i sacerdoti dell'epoca avevano il compito di preservare e utilizzare queste conoscenze per il bene della comunità.

I demoni nell'antica Mesopotamia erano visti come cause di malattie, sofferenze e calamità naturali. Si riteneva che potessero insinuarsi nella vita delle persone e causare disagi di vario genere. Di conseguenza, venivano sviluppati rituali e cerimonie per cercare di proteggersi da tali minacce demoniache.

La comprensione dei demoni nell'antica Mesopotamia era profondamente radicata nella religione e nella cosmologia di quel tempo. Si credeva che questi esseri malvagi fossero in contrasto con gli dèi benevoli e che le persone avessero bisogno dell'assistenza divina e dell'uso di pratiche magiche per difendersi da loro. L'importanza di questi demoni nella vita quotidiana era tale che le credenze e le pratiche correlate erano ampiamente diffuse e influenzavano molte sfere della società mesopotamica.

In questo contesto, i demoni erano visti come una minaccia concreta, e le persone si affidavano a formule e rituali per cercare di proteggersi. La storia dei demoni nell'antica Mesopotamia è un esempio eloquente di come queste credenze abbiano avuto un impatto significativo sulle pratiche religiose e magiche di un'antica civiltà.

Nella mitologia greca, i demoni erano interpretati attraverso figure come i Daimon, esseri intermedi tra gli dèi e gli uomini. Questi demoni rappresentavano un'interessante sfumatura nelle credenze greche, poiché non erano facilmente categorizzabili come esseri completamente malvagi o completamente benevoli. Invece, i Daimon incarnavano una dualità di carattere, sfumando le linee tra il bene e il male, e influenzavano vari aspetti della vita umana.

I Daimon potevano essere sia benefici che dannosi per gli esseri umani. Alcuni erano considerati guardiani e protettori, offrendo guida e ispirazione alle persone nelle loro vite. Altri, tuttavia, potevano essere associati a eventi negativi o sfortunati, portando disastri o calamità.

Una delle figure più famose associata ai demoni nella mitologia greca è Socrate, il filosofo, che credeva di avere un Daimon personale che gli parlava e lo guidava nelle sue decisioni. Questo Daimon socratico non era considerato malevolo, ma rappresentava una voce interiore di saggezza.

Questa ambivalenza nei confronti dei demoni nella mitologia greca rifletteva la complessità delle credenze religiose e culturali dell'epoca. I Greci antichi avevano una visione sfaccettata del mondo, in cui gli dèi e gli esseri soprannaturali potevano influenzare molteplici aspetti della vita umana.

È interessante notare come i demoni nella mitologia greca incarnassero questa dualità e come questa concezione abbia influenzato la percezione delle forze soprannaturali nella cultura greca. La storia dei demoni nella mitologia greca ci offre una prospettiva unica su come queste figure siano state interpretate in un contesto culturale e religioso specifico, sfumando i confini tra bene e male e illustrando la complessità delle credenze umane.

Nelle religioni abramitiche, quali l'Ebraismo, il Cristianesimo e l'Islam, i demoni hanno un ruolo ben definito come esseri malevoli in opposizione a Dio. Queste tradizioni religiose hanno caratterizzato i demoni come figure oscure e peccaminose, il cui obiettivo è tentare e corrompere gli esseri umani, portandoli lontano dalla retta via e dalla devozione divina.

Nel Cristianesimo, ad esempio, il demonio più noto è Lucifero, originariamente un angelo caduto che si ribellò a Dio e fu esiliato dagli angeli. Questa ribellione lo trasformò nell'archetipo del male, conosciuto anche come Satana. Satana è descritto come il principale avversario di Dio e delle forze del bene, e la sua missione è tentare gli esseri umani verso il peccato e l'apostasia. Nel Cristianesimo, la lotta tra il bene e il male, rappresentata da Dio e dal demonio, è un tema centrale.

Nell'Islam, figura una figura simile, chiamata Iblis, che è l'equivalente di Satana nel Cristianesimo. Iblis è un Djinn che si rifiutò di obbedire all'ordine di Dio di inchinarsi agli esseri umani e fu maledetto per la sua disobbedienza. Come Satana, Iblis è considerato un tentatore e un avversario degli uomini, cercando di deviarli dalla strada retta.

Anche nell'Ebraismo, sebbene le credenze sui demoni possano variare tra le diverse tradizioni, esistono concezioni di esseri maligni e spiriti impuri che cercano di influenzare negativamente gli esseri umani.

In queste religioni abramitiche, i demoni rappresentano il male e la tentazione, spingendo gli individui a peccare e allontanarsi dalla via di Dio. Questi esseri sono considerati pericolosi e vanno temuti, poiché minacciano la spiritualità e la moralità degli individui. La loro presenza nelle religioni abramitiche aggiunge un elemento di sfida e lotta tra le forze divine e quelle oscure, contribuendo alla complessa narrazione della fede e della spiritualità in queste tradizioni religiose.

Nel periodo medievale, le credenze demoniache subirono un'evoluzione significativa, caratterizzata da una crescente demonizzazione dei demoni stessi. Questo periodo fu segnato da un aumento dell'isteria legata alle streghe, dalle caccie alle streghe e dalla crescita del fenomeno degli esorcismi.

Durante il Medioevo, i demoni furono sempre più associati al male assoluto, incarnando il peccato e la corruzione. Le credenze riguardo ai demoni erano alimentate dalla paura e dall'ignoranza, e spesso si traducevano in un sospetto generale verso coloro che venivano accusati di stregoneria o eresia. Le streghe, in particolare, divennero il bersaglio di una persecuzione su vasta scala, accusate di stringere patto con il demonio e compiere pratiche magiche per danneggiare gli altri.

Gli esorcismi divennero una pratica diffusa per liberare le persone possedute dai demoni. I sacerdoti e gli esorcisti venivano chiamati a combattere il male demoniaco attraverso cerimonie rituali e preghiere. Questo periodo vide una forte preoccupazione per la lotta contro il male e l'influenza dei demoni sulla vita quotidiana.

La visione medievale dei demoni contribuì a creare un clima di paura e sospetto, in cui persino le persone innocenti potevano essere accusate di collaborazione con il demonio. Questo periodo fu segnato da un'atmosfera di oppressione religiosa e da un fervore nella lotta contro il male, che si manifestò in vari modi, tra cui processi alle streghe e l'uso diffuso degli esorcismi.

Il periodo medievale vide un'evoluzione delle credenze demoniache in cui i demoni furono sempre più demonizzati e associati al male estremo. Ciò portò a conseguenze gravi, come le persecuzioni delle streghe e una preoccupazione diffusa riguardo alla presenza e all'influenza dei demoni nella vita delle persone.

Nell'ambito dell'alchimia e dell'esoterismo, i demoni assunsero un ruolo peculiare e complesso, diverso dalla loro rappresentazione tradizionale come entità malefiche. Invece di essere visti come puri agenti del male, venivano considerati custodi di conoscenze arcane e segrete, detentori di poteri e segreti che gli alchimisti e i maghi cercavano di scoprire. Questo aspetto delle credenze demoniache introdusse una nuova dimensione all'interno delle tradizioni esoteriche.

Gli alchimisti del passato credevano che interagire con i demoni potesse condurli alla rivelazione di formule e processi alchemici segreti che avrebbero permesso loro di trasformare il piombo in oro o di scoprire l'elisir dell'immortalità. Questa prospettiva rafforzava la concezione dei demoni come guardiani di antiche sapienze occulte. Tuttavia, cercare di entrare in contatto con queste entità non era privo di rischi, poiché i demoni erano visti come esseri astuti e potenzialmente pericolosi.

Nel corso della storia dell'alchimia e dell'esoterismo, sono state create diverse opere e rituali che cercavano di invocare o contattare i demoni. Questi rituali spesso coinvolgevano complessi cerimoniali magici, incantesimi, pentacoli e formule segrete. L'obiettivo era quello di ottenere una sorta di collaborazione o negoziazione con i demoni per acquisire le loro conoscenze e il loro potere.

Molti alchimisti e maghi erano consapevoli dei pericoli connessi a queste pratiche e cercavano di proteggersi con mezzi magici o di stabilire patti con i demoni per evitare conseguenze negative. Tuttavia, l'interazione con queste entità rimaneva un territorio rischioso e sconosciuto.

Nell'alchimia e nell'esoterismo, i demoni sono stati considerati custodi di segreti e poteri occulti, aprendo la strada a pratiche di invocazione e interazione con queste entità. Questo aspetto delle credenze demoniache ha aggiunto un livello di complessità e ambiguità alla loro figura, portando gli adepti delle tradizioni esoteriche a cercare di trarre vantaggio dalle loro presunte conoscenze arcane, sebbene a rischio di pericoli imprevedibili.

Durante l'età moderna, le credenze demoniache continuarono a esercitare un'influenza significativa sulla cultura e la società, mantenendo la loro presenza nella mente delle persone. In questo periodo, emersero figure e opere letterarie che contribuirono a definire ulteriormente le rappresentazioni dei demoni.

Un'autore di spicco di questo periodo fu Johann Weyer, un medico e occultista olandese del XVI secolo. Weyer scrisse un'opera notevole intitolata "Pseudomonarchia Daemonum" (Pseudomonarchia dei Demoni), nella quale elencava e classificava vari demoni e le loro presunte gerarchie. Questo lavoro rappresentò un tentativo di sistematizzare le credenze demoniache dell'epoca e contribuì a consolidare alcune delle figure demoniache più conosciute.

Nell'età moderna, l'Inquisizione e i processi per stregoneria ebbero un impatto significativo sulla percezione dei demoni. Le persone accusate di stregoneria spesso confessavano sotto tortura di aver stretto patti con demoni o di essere state possedute da essi. Questi processi portarono a una crescente isteria riguardo alla stregoneria e all'idea che i demoni fossero sempre in agguato, pronti a tentare le persone per indurle al male.

Questi eventi storici contribuirono a consolidare l'immagine dei demoni come entità malefiche e pericolose nell'immaginario collettivo. La paura dei demoni e delle pratiche demoniache era diffusa, e le rappresentazioni dei demoni erano spesso utilizzate come strumento per promuovere la morale religiosa e la fedeltà alle dottrine ecclesiastiche.

Durante l'età moderna, le credenze demoniache rimasero un elemento rilevante nella cultura e nella società, influenzando la letteratura, la medicina, la teologia e i processi giuridici. Autori come Johann Weyer e gli eventi legati all'Inquisizione contribuirono a consolidare l'immagine dei demoni come forze malefiche e influenzarono la percezione pubblica di questi esseri demoniaci.

Il XIX e il XX secolo hanno visto un revival dell'occultismo, con movimenti come la teosofia e la magia cerimoniale che hanno reso i demoni una parte centrale delle loro pratiche. Questo periodo ha assistito a una rinascita delle credenze esoteriche e all'interesse per il misticismo, con i demoni che continuavano a svolgere un ruolo significativo in questo contesto.

La teosofia, un movimento spirituale nato nel XIX secolo, ha incorporato elementi dell'occultismo e ha promosso l'idea di una conoscenza segreta accessibile solo a pochi eletti. I demoni, visti come entità intermedie tra gli esseri umani e le sfere divine, erano spesso oggetto di studio e invocazione da parte dei teosofi. Questo movimento cercava di esplorare l'occulto e l'ignoto, e i demoni rappresentavano un ponte tra il mondo terreno e quello spirituale.

Nella magia cerimoniale del XIX e del XX secolo, i demoni erano considerati come entità con le quali si potevano stringere patti per ottenere poteri o conoscenze nascoste. Gli occultisti praticavano complessi rituali e incantesimi per evocare demoni specifici, cercando di stabilire un contatto con queste entità misteriose. Questi rituali erano spesso descritti in opere come il "Lesser Key of Solomon" (Il

Piccolo Chiave di Salomone) e "The Book of Abramelin" (Il Libro di Abramelin).

È importante notare che, durante questo periodo, le credenze sugli spiriti e i demoni si scontravano spesso con il pensiero razionale e scientifico dell'epoca. Tuttavia, l'interesse per l'occultismo e la magia rimaneva vivo, e i demoni continuavano a essere una parte intrigante e spesso temuta di queste tradizioni.

Nella cultura popolare contemporanea, i demoni sono diventati una presenza costante e affascinante. Dalla letteratura all'industria cinematografica, dalle serie TV ai videogiochi, i demoni hanno assunto un ruolo di primo piano come figure complesse e ambigue che catturano l'immaginazione del pubblico.

I film horror, ad esempio, spesso presentano demoni come antagonisti inquietanti che incutono terrore nei protagonisti e nello spettatore. Queste rappresentazioni sono caratterizzate da trame oscure, possessioni demoniache e rituali malevoli. I demoni, in questo contesto, sono incarnazioni del male supremo, portatori di morte e distruzione.

Tuttavia, non tutte le rappresentazioni dei demoni sono necessariamente negative. Nelle serie TV e nei videogiochi, vediamo spesso demoni ritratti come personaggi complessi, con motivazioni e sfumature psicologiche. Alcuni di essi possono persino diventare anti-eroi o alleati dei protagonisti. Questa ambiguità morale aggiunge profondità ai demoni come figure narrative.

Un esempio di ciò è la popolare serie TV "Supernatural," in cui due fratelli cacciatori di demoni affrontano una varietà di creature soprannaturali, compresi demoni, alcuni dei quali mostrano una gamma sorprendente di emozioni e motivazioni. Questa rappresentazione sfumata dei demoni li rende intriganti e complessi, oltre che spaventosi.

Inoltre, i videogiochi offrono ai giocatori l'opportunità di interagire direttamente con demoni attraverso narrazioni interattive. Questi demoni possono essere alleati o nemici, e le scelte del giocatore possono influenzare il corso della storia. Questi giochi spesso esplorano temi di potere, moralità e sopravvivenza, mentre i demoni servono da catalizzatori per le sfide affrontate dal protagonista.

La persistenza delle credenze demoniche nell'immaginario collettivo è un fenomeno affascinante che attraversa le epoche e le culture. Nonostante l'evoluzione delle società e delle credenze, i demoni continuano a svolgere un ruolo significativo nella nostra comprensione del male e dell'occulto.

Questo persistente interesse per i demoni può essere attribuito a diversi fattori. In primo luogo, i demoni rappresentano una manifestazione del male universale, incarnando paure ancestrali e sconosciute che persistono nella psiche umana. La loro presenza ci ricorda l'oscurità in ogni individuo e la costante lotta tra il bene e il male.

Inoltre, i demoni rimangono un elemento chiave nelle narrazioni culturali e religiose. Le storie di possessioni demoniache, esorcismi e incontri con il male sono racconti che affascinano e spaventano, trasmettendo le sfide morali e spirituali che l'umanità affronta nel corso dei secoli. La persistenza delle credenze demoniche in questo contesto riflette la ricerca di significato e comprensione di questioni profonde e complesse.

In un'era moderna, in cui la razionalità e la scienza dominano il pensiero, il concetto dei demoni può sembrare antiquato o superstizioso. Tuttavia, la loro persistenza nell'immaginario collettivo testimonia la nostra necessità continua di esplorare l'ignoto, di affrontare il male e di cercare risposte a domande esistenziali.

I demoni rappresentano un archetipo universale che continua a esercitare un'influenza significativa sulla nostra cultura e la nostra comprensione del mondo. La loro persistenza è un richiamo costante alla nostra vulnerabilità e alla complessità dell'esperienza umana, mantenendo viva la loro presenza nell'immaginario collettivo.

Capitolo 6
I Poteri dei Demoni

Nel vasto mondo dell'occultismo e delle credenze legate ai demoni, si attribuiscono una serie di abilità e poteri a queste entità oscure. Questi poteri, ampiamente discussi e descritti nei grimori e negli scritti magici dedicati all'invocazione dei demoni, sono spesso associati a manifestazioni malefiche e influenze negative. È importante sottolineare che, secondo queste credenze, i demoni non sono entità benevole, ma piuttosto forze malevole in opposizione alle forze divine.

Tra le abilità attribuite ai demoni nella tradizione occultista, spicca la loro capacità di manipolare le energie a fini sinistri. Si crede che possano influenzare e alterare le energie spirituali e fisiche dell'ambiente circostante, causando disarmonia e turbamento. Questa abilità è vista come una minaccia per la stabilità spirituale degli individui e delle comunità.

Inoltre, i demoni sono spesso considerati capaci di prevedere il futuro o di conferire tale conoscenza a coloro che cercano il loro aiuto. Questa capacità divinatoria è vista come un mezzo per manipolare e trarre vantaggio dalle paure e dalle incertezze umane. Gli individui che cercano di ottenere informazioni sul futuro possono finire per essere ingannati o guidati lungo un percorso oscuro.

Oltre a queste abilità, i demoni sono descritti come capaci di infliggere danni spirituali e fisici agli esseri umani. Si crede che possano causare malattie, sfortuna, possessioni demoniache e persino la morte. Questi danni sono considerati conseguenza della loro malvagità intrinseca e della loro intenzione di ledere gli esseri umani.

È fondamentale comprendere che queste credenze occultiste sugli poteri dei demoni sono radicate nella tradizione e nella superstizione, e non sono supportate dalla scienza o dalla ricerca empirica. Tuttavia, nel corso della storia, queste credenze hanno avuto un impatto significativo sulla cultura e sulla percezione dei demoni come entità pericolose e malefiche, contribuendo a alimentare la paura e l'interesse per l'occulto.

La possessione demoniaca è un fenomeno intrigante e inquietante che si trova al centro di molte credenze legate ai demoni. Secondo queste credenze, i demoni possono prendere il controllo di un individuo, influenzandone il comportamento e la personalità. Questo fenomeno ha radici antiche ed è stato oggetto di studio e interesse in diverse culture e tradizioni religiose.

In molti casi storici e contemporanei, si sono verificate presunte possessioni demoniache. Individui che mostravano comportamenti insoliti, come alterazioni della personalità, crisi isteriche o abilità paranormali, sono stati considerati posseduti dai demoni. Queste presunte possessioni spesso portavano a rituali di esorcismo o a tentativi di allontanare i demoni dall'individuo posseduto.

È interessante notare che le credenze sulla possessione demoniaca possono variare notevolmente da cultura a cultura e da tradizione religiosa a tradizione religiosa. Ad esempio, nel Cristianesimo, l'esorcismo è stato un metodo comune per affrontare la possessione demoniaca, mentre in altre culture possono essere stati utilizzati riti e pratiche differenti.

Le presunte possessioni demoniache hanno contribuito a rafforzare le credenze sulle capacità malefiche dei demoni, alimentando la paura e l'interesse per questi esseri maligni. Tuttavia, è importante sottolineare che la possessione demoniaca è un fenomeno controverso e soggetto a interpretazioni diverse. Molti esperti di salute mentale considerano i casi di possessione demoniaca come manifestazioni di disturbi psicologici o psichiatrici, e la scienza non ha confermato l'esistenza dei demoni o la loro capacità di possedere gli esseri umani.

Nonostante la mancanza di prove scientifiche definitive, la possessione demoniaca rimane un tema intrigante nell'ambito delle credenze legate ai demoni, alimentando la continua curiosità e discussione sulla natura del male e dell'occulto.

I demoni sono spesso associati all'influenza sui sogni e sulle visioni, un'area dell'esperienza umana intrisa di mistero e fascino. In molte tradizioni, si crede che i demoni abbiano la capacità di comunicare con gli esseri umani attraverso esperienze oniriche e visioni. Questo concetto è profondamente radicato nelle credenze legate ai demoni e nell'occultismo.

Secondo queste credenze, i demoni possono introdursi nei sogni delle persone, influenzandoli in vari modi. Possono manifestarsi come presenze minacciose, incubi o figure seducenti, cercando di manipolare i sognatori o provocare loro paura. Questi sogni demoniaci sono spesso interpretati come avvertimenti o segni di presenze malevole nell'ambiente di chi sogna.

Le visioni, d'altra parte, sono esperienze in cui un individuo sembra entrare in contatto diretto con il mondo degli spiriti o dei demoni. Queste visioni possono essere indotte da pratiche rituali o da uno stato alterato di coscienza. In alcune tradizioni, si ritiene che i demoni possano comunicare messaggi o rivelare conoscenze segrete durante queste visioni.

Tuttavia, è importante notare che le esperienze oniriche e le visioni sono altamente soggettive e possono essere influenzate da vari fattori, tra cui lo stato mentale dell'individuo, la sua cultura, le sue convinzioni religiose e le sue aspettative. La scienza non ha confermato l'esistenza dei demoni né la loro capacità di influenzare sogni e visioni in modo tangibile.

Nonostante la mancanza di prove scientifiche definitive, la convinzione nella capacità dei demoni di influenzare sogni e visioni persiste in molte tradizioni occultiste e nelle credenze popolari. Questi fenomeni continuano a essere una parte significativa dell'immaginario legato ai demoni, alimentando la paura e l'interesse per queste entità demoniache.

Una delle credenze comuni legate ai demoni è la loro capacità di cambiare forma o manifestarsi in modi diversi al fine di ingannare o terrorizzare gli esseri umani. Questa abilità, spesso associata al concetto di metamorfosi demoniaca, ha radici profonde nella cultura popolare e nelle testimonianze storiche.

Nelle tradizioni occultiste e nelle leggende, si ritiene che i demoni siano in grado di assumere diverse forme per raggiungere i loro obiettivi. Possono apparire come angeli di luce radiante per sedurre e ingannare le persone o, al contrario, manifestarsi come orribili creature mostruose per seminare terrore e panico. Questa abilità di cambiare forma consente loro di mimetizzarsi tra gli esseri umani e nascondere la loro vera natura, rendendoli ancora più insidiosi.

Le rappresentazioni di questa capacità nei racconti storici variano notevolmente. Alcuni resoconti parlano di demoni che si trasformavano in animali, mentre altri raccontano di cambiamenti più drammatici, come l'apparizione di volti demoniaci in persone possedute. Questi racconti contribuiscono a alimentare la paura e il timore delle manifestazioni demoniache.

Tuttavia, è importante sottolineare che la credenza nella metamorfosi demoniaca non ha supporto scientifico ed è principalmente basata su testimonianze aneddotiche e credenze culturali. Gli studi scientifici non hanno mai dimostrato l'esistenza di questa abilità nei demoni o in qualsiasi altra entità sovrannaturale.

Nonostante la mancanza di prove concrete, la credenza nella capacità dei demoni di cambiare forma continua a persistere in molte tradizioni e nella cultura popolare. Questo elemento aggiunge un ulteriore strato di complessità e mistero alla figura dei demoni, contribuendo a mantenerli nel nostro immaginario collettivo come esseri sfuggenti e inafferrabili.

I demoni sono spesso considerati custodi di conoscenze occulte e segrete, il che aggiunge un elemento intrigante al loro mistero e alla loro aura di pericolo. In molte tradizioni occultiste, si crede che sia possibile ottenere informazioni preziose da demoni attraverso negoziati o invocazioni.

Questa credenza è radicata nell'idea che i demoni abbiano accesso a una conoscenza proibita o nascosta che può essere vantaggiosa per gli esseri umani. Si ritiene che possano rivelare segreti dell'occultismo, della magia, della divinazione e di altre discipline mistiche. Tuttavia, queste presunte conoscenze non sono mai offerte gratuitamente; di solito, richiedono un prezzo sotto forma di patti o accordi con il demonio.

I negoziati con i demoni sono spesso considerati pericolosi, in quanto si dice che coinvolgano un patto con il diavolo o altre entità demoniache. Questi patti possono richiedere la vendita dell'anima o la promessa di compiere azioni contro la propria moralità, il che aggiunge un ulteriore strato di pericolo a tali interazioni.

Nella cultura popolare e nelle rappresentazioni letterarie, questa idea del potere del conoscere l'occulto attraverso i demoni è stata ampiamente esplorata. Personaggi come il Dottor Faust e il suo patto con Mefistofele, così come il libro delle ombre nelle storie di magia, incarnano questa narrativa. Tali storie servono spesso come avvertimenti sulle conseguenze potenzialmente terribili di cercare conoscenza attraverso mezzi demoniaci.

È importante notare che, anche se queste credenze possono alimentare racconti affascinanti e spaventosi, non esiste alcuna prova scientifica che dimostri l'esistenza di tali conoscenze segrete custodite dai demoni o la possibilità di fare patti con entità demoniache. Questi sono principalmente elementi delle credenze occultiste e delle narrazioni culturali che hanno contribuito a plasmare la percezione dei demoni come portatori di segreti inaccessibili, maestri dell'occultismo e guardiani di un sapere proibito.

I demoni sono spesso associati alla capacità di influenzare le emozioni umane in modi negativi e distruttivi. Questa credenza radica nella percezione che i demoni siano esseri malevoli che cercano di corrompere e manipolare gli individui per portarli verso il male. In molte tradizioni e credenze popolari, si ritiene che i demoni possano esercitare un'influenza subdola sulle emozioni umane, portando a comportamenti negativi o autodistruttivi.

Questo tipo di influenza demoniaca può manifestarsi in vari modi. Si crede che i demoni possano instillare sentimenti di rabbia, odio, gelosia, depressione e altre emozioni distruttive nelle persone. Le loro influenze possono essere così pervasive da portare le persone a compiere azioni violente, autodistruttive o irrazionali.

Un esempio classico di questa credenza si trova nelle storie di possessione demoniaca, in cui si ritiene che un individuo sia stato preso di mira da un demone che ha preso il controllo del suo corpo e delle sue emozioni. Durante queste presunte possessioni, la persona può manifestare comportamenti violenti o comportamenti autolesionisti, affermando di essere spinta a farlo dal demone che la tormenta.

Inoltre, alcune tradizioni credono che i demoni possano alimentare pensieri osceni o compulsioni negative nelle persone, portandole a compiere azioni contro la loro volontà o a cedere a impulsi distruttivi. Questo concetto ha contribuito a diffondere la percezione dei demoni come entità che incitano al male e all'autolesionismo.

Va notato che queste credenze sono principalmente basate su tradizioni religiose, culturali e superstizioni, e non esistono prove scientifiche concrete per confermare l'influenza dei demoni sulle emozioni umane. Tuttavia, queste credenze hanno contribuito a perpetuare l'immagine dei demoni come forze oscure che cercano di corrompere l'animo umano e portarlo verso il lato negativo della natura umana.

Le affermazioni di manifestazioni fisiche dei demoni rappresentano un elemento rilevante nelle credenze legate all'occultismo e alla possessione demoniaca. In molte testimonianze storiche e moderne di presunte possessioni o incontri con demoni, si sostiene che gli individui posseduti o influenzati abbiano subito manifestazioni fisiche misteriose e spesso dolorose.

Queste manifestazioni includono graffi, ustioni o segni inspiegabili sul corpo delle persone coinvolte. Si crede che queste lesioni siano causate direttamente dai demoni o siano il risultato della loro presenza o del loro influsso negativo. Questi segni fisici sono spesso considerati come prove dei poteri demoniaci e della realtà delle forze oscure coinvolte.

Nel corso della storia, ci sono stati numerosi resoconti di individui che affermavano di aver sperimentato graffi improvvisi e profondi, spesso accompagnati da un senso di bruciore intenso. Alcuni sostengono che queste ferite siano apparse misteriosamente sul loro corpo durante presunte sessioni di invocazione demoniaca o durante presunte possessioni.

Inoltre, le ustioni sono un altro tipo di manifestazione fisica associata ai demoni. Si racconta di individui che affermano di essere stati bruciati da una forza invisibile o di aver subito ustioni misteriose mentre cercavano di interagire con il mondo demoniaco. Queste ustioni, spesso descritte come molto dolorose, sono considerate come ulteriori prove della potenza dei demoni.

Tuttavia, è importante sottolineare che queste manifestazioni fisiche sono oggetto di controversie e scetticismo da parte della comunità scientifica e medica. Molti ritengono che tali segni e lesioni possano essere spiegati in modo razionale attraverso cause naturali o psicologiche, come disturbi mentali, autolesionismo o isteria di massa. Pertanto, mentre queste affermazioni possono essere viste come prove dai credenti nell'occultismo, non vi è consenso scientifico sulla loro autenticità o sul loro collegamento diretto con le attività demoniache.

Le credenze riguardo alle abilità telepatiche dei demoni costituiscono un altro aspetto interessante delle loro presunte capacità. In varie tradizioni occultiste e nelle testimonianze di individui che sostengono di aver avuto incontri con demoni, si ritiene che queste entità siano in grado di comunicare telepaticamente con gli esseri umani.

La telepatia demoniaca viene spesso descritta come la capacità dei demoni di leggere i pensieri umani o di trasmettere messaggi direttamente nella mente delle persone senza l'uso delle parole o dei gesti. Questa forma di comunicazione telepatica può essere utilizzata per scambiare informazioni, istruzioni o persino per manipolare i pensieri e le decisioni degli individui.

Nel contesto delle pratiche occulte e degli incontri con demoni, la telepatia viene considerata come un mezzo attraverso il quale i demoni possono offrire conoscenze segrete o istruzioni dettagliate su rituali magici e incantesimi. Si ritiene che questa abilità sia stata sfruttata da coloro che cercano di ottenere poteri o favori dai demoni.

Tuttavia, è importante sottolineare che queste credenze sulla telepatia demoniaca sono ampiamente contestate e non supportate da prove scientifiche. La telepatia in generale è un argomento controverso nella comunità scientifica, e attribuire questa capacità a entità sovrannaturali come i demoni rende la questione ancora più dibattuta.

Per coloro che credono nelle capacità telepatiche dei demoni, questa abilità rappresenta un elemento significativo delle interazioni con queste entità e contribuisce a rafforzare la percezione dei demoni come esseri potenti e misteriosi che operano al di là dei confini della realtà umana.

L'associazione tra demoni e l'influenza sulla fortuna, la ricchezza e il successo materiale è un elemento intrigante nelle credenze legate a queste entità oscure. In diverse tradizioni occulte e nelle pratiche di magia nera, si ritiene che i demoni possano essere evocati o invocati per ottenere favori che portino a prosperità finanziaria o successo negli affari.

Le richieste fatte ai demoni possono riguardare una vasta gamma di desideri legati alla fortuna e alla ricchezza, come accumulare ricchezze, ottenere un buon lavoro, guadagnare nei giochi d'azzardo o nel mercato azionario, o persino ottenere successo artistico o imprenditoriale. Queste pratiche spesso coinvolgono l'offerta di sacrifici o rituali specifici come parte di un accordo con il demone.

Va notato che queste credenze e pratiche sono fortemente condannate dalle tradizioni religiose e considerate pericolose dalla società in generale. L'idea di cercare il successo materiale attraverso il contatto con entità demoniache è vista come un atto rischioso e moralmente discutibile. Inoltre, non esistono prove scientifiche che dimostrino l'efficacia di tali pratiche o la reale influenza dei demoni sulla fortuna e la ricchezza.

Per coloro che credono in queste pratiche, tuttavia, la speranza di ottenere vantaggi materiali attraverso l'interazione con i demoni rappresenta una potente forza motivante. Questo aspetto delle credenze legate ai demoni dimostra quanto siano variegate e complesse le rappresentazioni e le attribuzioni di potere associate a queste entità nelle diverse tradizioni occulte e nelle culture di tutto il mondo.

La questione delle prove scientifiche o della mancanza di prove riguardo ai poteri dei demoni è un aspetto cruciale da considerare nell'esame di queste credenze e tradizioni. Mentre le credenze nei poteri dei demoni sono profondamente radicate in molte culture e tradizioni occulte, è importante notare che tali credenze sono generalmente basate sulla fede personale e sull'esperienza individuale, piuttosto che su prove scientifiche verificabili.

Nel campo della ricerca scientifica, non esistono evidenze empiriche attendibili che dimostrino l'esistenza dei demoni o dei loro poteri. Le esperienze personali e le testimonianze riguardo alle interazioni con i demoni sono spesso considerate soggettive e aperte a interpretazioni diverse. La comunità scientifica tende a respingere tali credenze come superstizioni o manifestazioni di fenomeni psicologici, come allucinazioni, suggestione o disturbi mentali.

Tuttavia, per coloro che credono nei demoni e nei loro poteri, l'assenza di prove scientifiche non mina la validità delle proprie convinzioni. Queste credenze spesso si basano su tradizioni secolari, insegnamenti spirituali e esperienze personali che possono essere molto significative per chi le abbraccia. Per molti, la mancanza di prove scientifiche è semplicemente vista come una limitazione dell'approccio scientifico nel comprensione di fenomeni spirituali o soprannaturali.

Il dibattito sulla validità dei poteri dei demoni è complesso e fortemente influenzato dalle credenze personali e culturali. Mentre le credenze occulte e spirituali possono essere una parte significativa della vita di molte persone, è importante riconoscere che queste credenze spesso sfuggono alla sfera della verifica scientifica e rimangono soggettive nella loro natura.

Capitolo 7
Come Uccidere un Demone

Nel vasto mondo delle credenze demoniache e dell'occultismo, i metodi di esorcismo rappresentano uno dei mezzi principali per liberare individui o luoghi dall'influenza demoniaca. Questi rituali e pratiche sono stati sviluppati in diverse culture e tradizioni nel corso dei secoli, ciascuno con il proprio approccio e metodologia.

Uno dei metodi di esorcismo più comuni coinvolge l'uso di preghiere specifiche, spesso pronunciate da un esorcista o da un sacerdote autorizzato. Queste preghiere possono variare notevolmente a seconda della tradizione religiosa e culturale, ma la loro essenza è quella di invocare l'assistenza divina per scacciare il demone. La fede in Dio o in una divinità protettrice è considerata fondamentale, poiché si crede che sia il potere divino a guidare il processo di esorcismo.

Oltre alle preghiere, gli esorcismi possono includere l'uso di oggetti sacri come croci, acqua santa, incenso e oli benedetti. Questi strumenti sono considerati potentissimi nel respingere le forze demoniache. Gli esorcisti possono tracciare segni o simboli sacri nell'aria o sul corpo della persona posseduta, creando una barriera spirituale tra l'individuo e il demone.

Alcune tradizioni esorcistiche coinvolgono anche l'uso di formule magiche o invocazioni specifiche per comandare al demone di lasciare l'ospite. Questi incantesimi possono variare notevolmente e spesso sono custoditi come segreti all'interno di cerchie ristrette di esorcisti o praticanti dell'occulto.

Va chiarito che l'efficacia degli esorcismi è oggetto di dibattito. Mentre molti credono fermamente nell'efficacia di tali pratiche, la comunità scientifica tende a considerarle come manifestazioni di suggestione, psicosi o disturbi mentali. Ciò nonostante, l'esorcismo rimane una parte significativa delle credenze e delle pratiche in molte culture, con l'obiettivo di liberare gli individui dal malefico influsso demoniaco.

Nella lotta contro i demoni e le loro influenze negative, molte tradizioni occulte e religiose si affidano all'uso di sigilli, amuleti e altre protezioni magiche per tenere lontano queste entità malvagie. Queste difese sono concepite come potentissime barriere per proteggere gli individui da possibili attacchi demoniaci e per prevenire l'intrusione demoniaca nei luoghi.

Un sigillo è un simbolo o un disegno magico spesso inciso su un oggetto, come una pergamena o una pietra. Si crede che questi sigilli abbiano il potere di respingere i demoni o di intrappolarli in determinate aree. Possono essere utilizzati sia in situazioni di esorcismo che come protezioni preventive. Alcune tradizioni esigono che gli individui portino sigilli protettivi su di loro come talismani.

Gli amuleti sono oggetti, spesso gioielli o pietre, che sono stati benedetti o incantati per proteggere chi li indossa. Si ritiene che abbiano il potere di allontanare le influenze demoniache e mantenere l'individuo al sicuro da attacchi spirituali. Questi amuleti possono essere indossati come gioielli, appesi in casa o portati in tasca come costante difesa personale.

Oltre ai sigilli e agli amuleti, altre forme di protezione possono includere cerchi di protezione tracciati a terra o disegnati su una superficie per creare una barriera magica. Incantesimi protettivi o formule magiche specifiche possono anche essere pronunciati per rafforzare queste difese.

Va notato che la fiducia nell'efficacia di queste protezioni è spesso basata sulla fede e sulla convinzione personale. Mentre alcune persone ritengono che queste difese siano estremamente efficaci nel mantenere lontane le influenze demoniache, altri possono considerarle come semplici superstizioni. Tuttavia, in molte tradizioni occulte, queste protezioni sono considerate un elemento essenziale per la sicurezza e la difesa contro i demoni.

Nelle pratiche esorcistiche, le preghiere svolgono un ruolo di fondamentale importanza. Esse rappresentano un mezzo attraverso il quale si invoca l'assistenza divina per combattere e allontanare i demoni, entità malefiche temute in molte tradizioni e credenze.

Le preghiere esorcistiche possono variare notevolmente da una tradizione religiosa all'altra, ma il loro obiettivo comune è quello di chiedere la protezione e l'intercessione divina contro le influenze demoniache. Spesso, queste preghiere contengono invocazioni specifiche a divinità o figure sacre ritenute in grado di respingere i demoni. Ad esempio, nella tradizione cristiana, le preghiere esorcistiche possono essere dirette a Gesù Cristo o alla Vergine Maria.

Un aspetto cruciale delle preghiere esorcistiche è la fede. Coloro che conducono o partecipano a un esorcismo devono credere fermamente nell'efficacia delle preghiere e nell'intercessione divina. La fede è considerata un potente deterrente contro le influenze demoniache, e la mancanza di fede può indebolire l'efficacia dell'esorcismo.

Le preghiere esorcistiche possono essere recitate in una varietà di contesti, tra cui durante un esorcismo ufficiale condotto da un sacerdote o un esperto dell'occulto, o anche individualmente da parte di persone che si sentono minacciate dalle influenze demoniache. In molti casi, queste preghiere vengono combinate con altri rituali e pratiche esorcistiche, come l'uso di simboli sacri, l'acqua santa o l'incenso, per aumentare l'efficacia del rito.

L'uso delle preghiere nelle pratiche esorcistiche è spesso accompagnato da rituali e formule specifiche, e la loro efficacia è generalmente attribuita alla presenza e all'azione divina. Mentre alcune persone possono scetticamente considerare queste preghiere come semplici formule rituali, per coloro che credono nell'esistenza dei demoni, esse rappresentano un mezzo potente per cercare protezione e liberazione da influenze malefiche.

I rituali di purificazione rappresentano un elemento fondamentale nelle pratiche esorcistiche e nell'allontanamento delle influenze demoniache. Questi rituali variano ampiamente da cultura a cultura e spesso sono considerati essenziali per ripristinare la santità e la protezione in luoghi o individui che sono stati contaminati o influenzati da energie demoniache.

Uno dei tipi di rituali di purificazione più diffusi è l'uso di elementi purificatori come l'acqua e il fuoco. Nella tradizione cristiana, ad esempio, l'acqua santa è utilizzata per benedire le persone o gli oggetti contaminati dai demoni. Quest'acqua è stata benedetta da un sacerdote e si crede che abbia il potere di allontanare le energie negative. Nel frattempo, l'uso del fuoco può rappresentare una forma di purificazione attraverso il sacrificio e la trasformazione delle influenze demoniache.

Altri rituali di purificazione coinvolgono l'uso di erbe sacre, incenso o oli essenziali noti per le loro proprietà purificatrici. Questi ingredienti vengono spesso bruciati o applicati sulla persona o nell'ambiente per liberarlo dalle energie malefiche. La fumigazione con incenso è una pratica comune in molte tradizioni religiose e occulte.

Nel contesto delle pratiche esorcistiche, i rituali di purificazione possono anche includere l'invocazione di divinità o entità sacre che sono ritenute in grado di aiutare a purificare l'individuo o il luogo. Le preghiere e le invocazioni sono spesso parte integrante di questi rituali, in quanto si cerca l'assistenza divina per rimuovere le influenze demoniache.

Va notato che, indipendentemente dalla forma specifica che assumono, i rituali di purificazione sono sempre accompagnati da una profonda fede nella loro efficacia. La credenza nell'efficacia di questi rituali è essenziale per il loro successo, poiché la fede rappresenta un potente deterrente contro le energie demoniache.

Inoltre, i rituali di purificazione non si limitano solo a individui posseduti, ma possono essere eseguiti anche in luoghi che si crede siano infestati da energie negative o demoniache. Questi luoghi possono essere edifici, case, o persino luoghi all'aperto considerati maledetti o infestati.

I rituali di purificazione svolgono un ruolo cruciale nella lotta contro i demoni e nella rimozione delle loro influenze. Rappresentano un tentativo di ristabilire la santità e la protezione in situazioni in cui si crede che tali energie malefiche abbiano preso piede, offrendo un sentiero verso la liberazione e la guarigione.

Gli esorcisti rappresentano figure specializzate nell'esecuzione di rituali esorcistici e svolgono un ruolo cruciale nella lotta contro i demoni e nelle pratiche di allontanamento delle influenze malefiche. Questi individui vengono addestrati in modo specifico per affrontare situazioni in cui si ritiene che un individuo sia posseduto o influenzato da entità demoniache.

L'addestramento degli esorcisti può variare notevolmente da una tradizione religiosa all'altra. Ad esempio, nella Chiesa Cattolica Romana, gli esorcisti sono sacerdoti o vescovi designati dal loro superiore ecclesiastico. Devono seguire un addestramento specifico sotto la guida di esorcisti esperti e acquisire una conoscenza approfondita delle pratiche rituali, delle preghiere e delle procedure coinvolte nell'esorcismo. La Chiesa cattolica considera l'esorcismo come un atto sacro e solenne, e gli esorcisti sono tenuti a seguire un rigoroso codice etico e una profonda devozione religiosa.

Nelle tradizioni religiose non cattoliche, esistono anche esorcisti, ma i loro metodi e le loro credenze possono variare notevolmente. Alcune chiese protestanti e denominazioni cristiane possono nominare esorcisti, mentre in altre tradizioni religiose, come quelle pagane o esoteriche, gli esorcisti possono avere una formazione diversa e seguire rituali specifici basati su credenze non cristiane.

Gli esorcisti sono generalmente visti come intermediari tra il mondo umano e il regno dei demoni. Si crede che abbiano la capacità di sfidare e allontanare le entità demoniache attraverso l'uso di preghiere, incantesimi, e rituali sacri. Queste figure sono spesso consultate quando si verificano casi di possessione demoniaca o quando è necessario liberare un individuo o un luogo dall'influenza demoniaca.

L'esorcismo è una pratica che richiede coraggio, dedizione e fede profonda da parte dell'esorcista, poiché affrontare demoni può essere un compito pericoloso e impegnativo. Gli esorcisti devono essere in grado di mantenere la calma e la compostezza durante situazioni estremamente stressanti e spesso lavorano in stretta collaborazione con individui che soffrono a causa delle influenze demoniache.

Gli esorcisti rappresentano figure chiave nella lotta contro i demoni e nell'allontanamento delle loro influenze. Sono addestrati per affrontare situazioni di possessione e credono fermamente nel loro ruolo di intermediari spirituali. Tuttavia, è importante notare che l'esorcismo è una pratica seria e che le credenze e le metodologie possono variare ampiamente a seconda della tradizione religiosa o spirituale di riferimento.

La fede riveste un ruolo cruciale nella lotta contro i demoni all'interno delle pratiche esorcistiche. Si tratta di un elemento fondamentale e onnipresente che permea ogni aspetto di questo processo. In effetti, la fede è considerata uno strumento potente per contrastare le forze demoniache e proteggere gli individui dall'influenza malefica.

Prima di tutto, la fede in una divinità suprema, come Dio, o in specifiche divinità legate a determinate tradizioni religiose, svolge un ruolo predominante. Le preghiere e le suppliche a queste divinità sono spesso utilizzate come mezzi per richiedere assistenza e protezione nella lotta contro i demoni. La credenza in un potere divino superiore fornisce una base solida su cui poggiare le pratiche esorcistiche.

La fede è anche chiaramente evidente nelle pratiche rituali stesse. Gli esorcisti credono fermamente nell'efficacia dei rituali, delle preghiere e degli incantesimi utilizzati per allontanare i demoni. Questa fede è strettamente legata all'idea che queste azioni rituali siano in grado di respingere le forze demoniache e ripristinare la santità.

Inoltre, la fede nell'esorcista è essenziale. Le persone che cercano aiuto da un esorcista devono avere una fiducia profonda nelle sue abilità e nella sua capacità di affrontare le forze demoniache. Questa fiducia è un elemento motivante che può rafforzare la determinazione dell'individuo posseduto a liberarsi dall'influenza demoniaca.

La fede nelle pratiche esorcistiche spesso sottolinea la superiorità del bene sul male. Gli esorcisti credono fermamente che il bene prevale sempre sul male e che la loro lotta contro i demoni sia guidata dalla fede in questa verità fondamentale.

Inoltre, la fede nella protezione divina è un pilastro delle pratiche esorcistiche. Gli esorcisti invocano la protezione di Dio o delle divinità per sé stessi e per coloro che sono posseduti o influenzati dai demoni. La fede nella capacità di queste divinità di fornire una protezione efficace è un elemento chiave nella lotta contro le forze oscure.

La fede è considerata uno "scudo" contro le forze demoniache, un elemento che può respingere i demoni e prevenire ulteriori attacchi. Tuttavia, è importante notare che la fede non è un concetto universale e può variare notevolmente tra le diverse tradizioni religiose e culturali.

Ciò che è universale è il riconoscimento dell'importanza della fede come elemento che fornisce la forza e la determinazione necessarie per affrontare le forze oscure.

Le pratiche esorcistiche portano con sé una serie di implicazioni psicologiche complesse e significative, sia per coloro che subiscono l'esorcismo che per gli esorcisti stessi. Queste implicazioni sono spesso sottovalutate ma meritano una riflessione attenta in quanto possono influenzare profondamente l'esito di tali rituali.

Innanzitutto, per coloro che sono sottoposti a un esorcismo, l'esperienza può essere traumatica dal punto di vista emotivo. La sensazione di essere posseduti da una forza malefica e la percezione di essere oggetto di un conflitto tra il bene e il male possono causare un intenso stress psicologico. L'esorcismo può portare a un senso di vergogna, colpa e paura, oltre a un profondo turbamento spirituale. Questi sentimenti possono avere conseguenze a lungo termine sulla salute mentale dell'individuo.

Inoltre, le credenze collettive svolgono un ruolo significativo nelle pratiche esorcistiche. Le aspettative e le credenze degli individui coinvolti, compresi gli esorcisti e coloro che cercano aiuto, possono influenzare l'andamento dell'esorcismo. Se una persona è convinta di essere posseduta da un demone, le probabilità che manifesti comportamenti o sintomi che corrispondono a questa convinzione aumentano significativamente. Questo fenomeno è noto come "effetto nocebo" e può contribuire a intensificare il disagio psicologico dell'individuo.

Un altro aspetto rilevante è il potere della suggestion. Gli esorcismi spesso coinvolgono una serie di rituali, preghiere e incantesimi che sono stati concepiti per "scacciare" il demonio. La suggestione può giocare un ruolo significativo nell'efficacia di questi rituali. L'individuo sottoposto all'esorcismo potrebbe rispondere positivamente ai suggerimenti dell'esorcista, credendo che il demone stia effettivamente lasciando il suo corpo. Questo può portare a un senso di sollievo e liberazione, anche se non c'è alcuna prova oggettiva della presenza del demone.

Per quanto riguarda gli esorcisti stessi, il coinvolgimento in pratiche esorcistiche può avere implicazioni psicologiche significative. La pressione e la responsabilità di "liberare" un individuo da una presunta possessione demoniaca possono essere intense. Gli esorcisti possono sperimentare ansia, stress e perfino sensi di colpa se non riescono a ottenere l'effetto desiderato. In alcuni casi, potrebbero anche sviluppare una sorta di egotismo, credendo di avere un potere straordinario sull'aldilà.

Le pratiche esorcistiche sono intrise di implicazioni psicologiche complesse che vanno al di là del semplice confronto tra il bene e il male. Queste implicazioni includono traumi emotivi, credenze collettive e il potere della suggestion, tutti elementi che possono influenzare l'esito di tali rituali. È importante considerare questi aspetti quando si esplorano le dinamiche delle pratiche esorcistiche e il loro impatto sul benessere mentale degli individui coinvolti.

Il fenomeno dell'esorcismo ha trovato spazio nel mondo moderno in modi sorprendenti e complessi. La persistente credenza nei demoni e nelle possessioni demoniache ha portato all'adattamento delle antiche pratiche esorcistiche ai tempi contemporanei, con alcune manifestazioni che hanno guadagnato notorietà attraverso i media e la cultura popolare.

Uno degli sviluppi più interessanti è la visibilità mediatica che l'esorcismo ha acquisito. Casi di esorcismo sono stati ampiamente riportati dai mezzi di comunicazione, sia in forma di notizie che attraverso la rappresentazione in programmi televisivi, documentari e film. Questi casi mediatici spesso coinvolgono individui che cercano l'aiuto di esorcisti o figure religiose per affrontare presunte possessioni demoniache. Questa esposizione mediatica ha contribuito a mantenere viva l'immagine dei demoni e delle pratiche esorcistiche nella coscienza pubblica.

Inoltre, la rappresentazione dei demoni e degli esorcismi nei media ha contribuito a perpetuare le credenze legate a questi fenomeni. Film come "L'Esorcista" e serie TV come "Supernatural" hanno reso popolari le immagini di possessioni demoniache, esorcismi e battaglie tra il bene e il male. Questa rappresentazione può influenzare le percezioni delle persone riguardo ai demoni e alle pratiche esorcistiche, anche se spesso è altamente sensationalista e poco accurata dal punto di vista storico o religioso.

Nel mondo moderno, alcuni individui continuano a cercare l'esorcismo come soluzione ai loro problemi spirituali o psicologici. Gli esorcisti contemporanei possono utilizzare una combinazione di preghiere, rituali religiosi e psicoterapia per affrontare presunte possessioni demoniache. Tuttavia, è importante notare che la pratica dell'esorcismo è vista con scetticismo dalla comunità scientifica, che tende a considerarla più come un fenomeno psicologico che come una manifestazione reale di possessione demoniaca.

La percezione dell'efficacia degli esorcismi nella lotta contro i demoni è un tema complesso e soggetto a opinioni divergenti. Molte persone credono fermamente nell'efficacia di tali rituali, sostenendo di aver assistito o persino partecipato a casi in cui gli esorcismi sono stati considerati riusciti. Queste esperienze possono avere un impatto profondo sulle credenze individuali e sulla percezione della realtà.

I casi in cui gli esorcismi sono considerati riusciti spesso coinvolgono individui che riportano un miglioramento significativo delle loro condizioni dopo il rituale. Questi miglioramenti possono includere la cessazione di comportamenti violenti o autodistruttivi, il ripristino della normalità emotiva o psicologica, o la scomparsa di sintomi fisici o psichici che erano stati precedentemente attribuiti a influenze demoniache. In questi casi, gli esorcisti e coloro che hanno partecipato all'esorcismo possono concludere che il demonio è stato allontanato con successo.

Tuttavia, è importante notare che la percezione dell'efficacia degli esorcismi è altamente soggettiva e spesso basata sulla fede personale. Ci sono anche casi in cui gli esorcismi non hanno portato a miglioramenti significativi o permanenti, e in alcuni casi, le condizioni delle persone coinvolte possono persino peggiorare. Questi casi possono essere visti come esempi di esorcismi falliti, e le spiegazioni possono variare, dalla mancanza di fede all'inefficacia delle pratiche esorcistiche stesse.

Le esperienze personali influenzano notevolmente le credenze sulla presenza demoniaca e sull'efficacia degli esorcismi. Coloro che hanno avuto esperienze positive tendono a rafforzare le loro credenze nella realtà dei demoni e nella necessità degli esorcismi, mentre coloro che hanno assistito a esorcismi falliti o che hanno avuto esperienze negative possono diventare scettici riguardo a tali pratiche.

Le conseguenze della lotta contro i demoni possono essere profonde e durature, influenzando non solo la psiche delle persone coinvolte, ma anche la loro percezione del mondo che li circonda. Nonostante gli sforzi per allontanare queste entità demoniache, il timore e l'ossessione nei loro confronti possono persistere in vari modi.

Innanzitutto, coloro che sono stati coinvolti in situazioni di presunta possessione o infestazione demoniaca possono sviluppare un profondo trauma emotivo. Le esperienze angoscianti e terrorizzanti legate agli incontri con i demoni possono lasciare cicatrici psicologiche durature. Queste persone possono manifestare sintomi di ansia, depressione, insonnia o persino disturbi da stress post-traumatico. La paura costante di una possibile ricaduta nella presenza demoniaca può dominare la loro vita quotidiana, rendendo difficile il recupero e la normalità.

Inoltre, la lotta contro i demoni può portare a un'ossessione persistente nei confronti di queste entità. Coloro che sono coinvolti in pratiche esorcistiche o che hanno assistito a tali rituali possono sviluppare una fissazione sulla presenza demoniaca, vedendo segni malefici ovunque. Questa ossessione può portare a comportamenti compulsivi, come la continua ricerca di protezioni o rituali di purificazione, e può contribuire all'isolamento sociale.

È importante notare che la persistenza dell'ossessione nei confronti dei demoni può essere alimentata dalla loro presenza nell'immaginario collettivo e nella cultura popolare. La rappresentazione dei demoni nei media, nei film dell'orrore e nella letteratura può perpetuare il timore e l'ossessione, portando molte persone a mantenere vive le loro credenze su queste entità malefiche.

La lotta contro i demoni può avere conseguenze significative sulla salute mentale e sul benessere delle persone coinvolte. Il timore persistente e l'ossessione possono rendere difficile il recupero e influenzare negativamente la vita quotidiana. È importante riconoscere l'importanza di supporto psicologico e professionale per coloro che affrontano tali esperienze e cercare di comprendere come le credenze sui demoni continuino a influenzare la nostra società e la nostra cultura.

Capitolo 8
Leggende e Folklore sui Demoni

Nell'affascinante mondo delle leggende demoniache europee, ci immergiamo in un terreno fertile di oscurità e tentazione. In questa vasta regione, ricca di tradizioni e credenze, è possibile rintracciare una varietà di demoni e figure malvagie che hanno catturato l'immaginazione delle persone per secoli.

Uno dei demoni più noti nell'Europa occidentale è Mephistopheles, un personaggio che appare nella leggenda di Faust. Questa narrazione, resa celebre dalla tragedia di Goethe, racconta la storia di un uomo avido di conoscenza che stringe un patto con il diavolo per ottenere poteri sovrannaturali e godere dei piaceri terreni. Faust è stato spesso considerato un simbolo della ricerca insaziabile del potere e della tentazione dell'avidità umana.

Ma il panorama demoniaco europeo è molto più ampio. In diverse regioni, sono emersi demoni con caratteristiche uniche. Ad esempio, il Krampus, una figura demoniaca delle Alpi, è associato alle festività natalizie ed è noto per punire i bambini dispettosi. Questo demonio incute terrore nelle comunità locali, rappresentando la paura del giudizio e delle conseguenze delle azioni malvage.

Nel folklore irlandese, il Pooka è una creatura demoniaca capace di mutare forma e di portare scompiglio nella vita delle persone. La sua natura sfuggente e imprevedibile lo rende un simbolo di caos e incertezza, sottolineando le paure legate all'ignoto.

Queste leggende demoniache europee spesso affrontano temi profondi come la tentazione, la corruzione e la perdizione. Rappresentano la lotta dell'umanità contro le proprie debolezze e i pericoli della cupidigia e dell'egoismo. Sebbene siano storie spesso oscure, servono anche come avvertimenti sulle conseguenze di scelte sbagliate e sulla necessità di resistere alle tentazioni demoniache che ci circondano. I demoni in queste leggende sono incarnazioni del male, e la loro presenza evoca una sensazione di pericolo imminente e di paura primordiale che ha affascinato e spaventato le generazioni di europei.

Nella ricca mitologia greca, esisteva una classe di esseri chiamati "daimones" (δαίμονες), che occupavano una posizione intermedia tra gli dèi e gli esseri umani. Questi daimones non erano necessariamente demoni malvagi, ma piuttosto spiriti o influenze spirituali che potevano avere effetti sia positivi che negativi sulla vita umana.

I daimones erano spesso associati a forze naturali e a aspetti della vita quotidiana. Ad esempio, c'erano daimones delle acque, delle foreste, delle città e delle arti. Alcuni erano considerati protettori, mentre altri potevano portare sfortuna o malattia. Questa varietà di daimones rifletteva la complessità della vita e delle forze che gli antichi greci percepivano intorno a loro.

La figura dei daimones ha anche ispirato storie di possessione e follia. Nella mitologia greca, si pensava che alcune persone potessero essere possedute da questi spiriti, portando a comportamenti strani o irrazionali. Queste situazioni spesso richiedevano l'intervento di sacerdoti o esperti religiosi per esorcizzare o allontanare i daimones.

Nonostante il termine "daimon" possa evocare connotazioni negative, è importante notare che nella cultura greca antica, non tutti i daimones erano considerati malvagi o pericolosi. La comprensione dei daimones era complessa, e la loro influenza poteva variare notevolmente. Tuttavia, questa ambiguità nella percezione dei daimones rifletteva l'incertezza e la complessità della vita stessa, con le sue molte sfaccettature e influenze misteriose.

Le storie e le credenze legate ai daimones nella mitologia greca ci mostrano come gli antichi greci cercassero di dare un senso al mondo che li circondava, attribuendo forze spirituali a fenomeni naturali e a esperienze umane. Mentre non erano demoni nel senso moderno del termine, le loro storie e il loro impatto sulla cultura greca antica offrono una prospettiva affascinante sulla complessità delle credenze spirituali e delle interazioni tra gli uomini e il soprannaturale.

Nel folklore giapponese, gli "oni" e gli "yokai" sono figure demoniache ricorrenti che hanno radici antiche e che hanno influenzato profondamente la cultura popolare del Giappone. Gli "oni" sono spesso rappresentati come demoni di grandi dimensioni, con pelle rossa, corna e bastoni giganti, e sono considerati portatori di sfortuna e distruttivi. Tuttavia, il loro ruolo nel folklore giapponese può variare, e talvolta sono raffigurati in modo più ambivalente o positivo.

Gli "yokai," d'altra parte, rappresentano una vasta categoria di creature soprannaturali che possono assumere forme diverse e avere una vasta gamma di caratteristiche e comportamenti. Questi esseri vanno dai folletti agli spiriti della natura e agli spettri vendicativi. Gli "yokai" sono spesso associati a eventi soprannaturali e sono protagonisti di numerose leggende e racconti che raccontano le loro avventure e le loro interazioni con gli esseri umani.

Le leggende legate agli "oni" spesso coinvolgono lotte tra esseri umani e queste creature demoniache, con gli "oni" che rappresentano forze ostili da sconfiggere. Le leggende sugli "yokai," d'altro canto, possono variare da racconti comici a storie di vendetta o avventure misteriose. In entrambi i casi, queste figure demoniache incarnano spesso le paure e le preoccupazioni della società giapponese, offrendo una lente attraverso cui esplorare questioni culturali e sociali.

Gli "oni" e gli "yokai" hanno avuto un impatto duraturo sulla cultura popolare giapponese, apparendo in racconti, opere d'arte, teatro Noh e persino nell'arte contemporanea. La loro presenza continua a ispirare narratori, artisti e creativi in tutto il Giappone e oltre i suoi confini. Queste figure demoniache rappresentano un aspetto affascinante del folklore giapponese e offrono una finestra su un mondo di storie e credenze intrise di mistero e fascino soprannaturale.

Nell'Africa, le leggende e le storie popolari legate ai demoni variano ampiamente da regione a regione, riflettendo la diversità culturale e spirituale del continente. Tuttavia, esistono alcune tematiche ricorrenti nelle credenze riguardo alle entità malefiche in molte parti dell'Africa.

Una delle credenze comuni riguarda la presenza di spiriti maligni o demoni che possono portare sfortuna o malattie alle persone. Questi demoni sono spesso visti come cause di eventi negativi o inaspettati, e le comunità cercano di proteggersi da loro attraverso pratiche rituali e amuleti. Ad esempio, in alcune culture africane, si crede che i demoni possano entrare nei corpi delle gente e causare malattie o possessione spirituale, e le cerimonie di esorcismo sono spesso utilizzate per liberare le persone da tali influenze maligne.

Altre leggende africane riguardano demoni specifici o creature malefiche legate a luoghi particolari, come boschi o fiumi. Queste storie spesso avvertono le persone di evitare determinate aree o di comportarsi con rispetto per evitare il risentimento delle entità maligne che le abitano.

Le influenze culturali e spirituali svolgono un ruolo significativo nelle leggende africane sui demoni. Le credenze tradizionali, le religioni indigene e le pratiche rituali influenzano profondamente le narrazioni e le credenze relative ai demoni. Tali leggende servono spesso a spiegare eventi naturali, malattie o sfortuna in termini di interazioni con le forze soprannaturali.

Queste leggende africane sui demoni offrono un affascinante quadro della ricca diversità culturale e spirituale del continente. Queste storie rivelano come le comunità africane abbiano sviluppato pratiche di protezione e cerimonie per affrontare le forze malefiche e comprendono l'importanza delle credenze culturali e spirituali nella vita quotidiana delle persone.

Nelle culture precolombiane delle Americhe, tra cui gli Aztechi e i Maya, le leggende demoniache erano intrinseche al panorama mitologico e spirituale. Queste culture avevano una vasta gamma di divinità e entità spirituali, alcune delle quali erano considerate benevole e altre malevole, spesso con caratteristiche sovrannaturali che richiamavano l'ammirazione o il timore delle persone.

Nei miti aztechi, ad esempio, esistevano divinità come Tezcatlipoca e Huitzilopochtli, che potevano essere considerate figure ambivalenti, in grado di portare sia benefici che disastri. Tezcatlipoca, il "Signore dello Specchio Fumante", era visto come un dio delle sfide e delle prove, ma anche come una figura vendicativa che poteva infliggere sofferenza. Gli Aztechi credevano che attraverso sacrifici umani potessero placare queste divinità e ottenere la loro protezione.

I Maya, d'altra parte, avevano divinità come Ah Puch, il dio della morte e del regno sotterraneo, che era spesso associato a immagini terrificanti di scheletri e cadaveri. Ah Puch rappresentava l'inevitabilità della morte e poteva essere temuto per le sue capacità malefiche di portare la malattia e la rovina.

Le pratiche rituali nelle culture precolombiane spesso coinvolgevano offerte e sacrifici per placare queste divinità e cercare il loro favore. Gli Aztechi, ad esempio, effettuavano complessi rituali di sacrificio umano come parte delle loro credenze religiose, credendo che ciò avrebbe mantenuto l'ordine cosmico e proteggere la loro società dalle influenze demoniache.

Nell'Antico Medio Oriente, le credenze demoniache erano profondamente radicate nella cultura e nella spiritualità delle popolazioni dell'epoca. Uno dei demoni più noti di questa regione è Pazuzu, una figura demoniaca dell'antica Mesopotamia, in particolare dell'area sumerica e accadica. Pazuzu era spesso raffigurato come un essere mostruoso, con la testa di leone, ali di uccello e artigli affilati. Era considerato un demone che portava malattie, pestilenza e sfortuna.

Nel Testo degli Esorcismi Babilonesi, un insieme di testi antichi utilizzati per l'esorcismo e la protezione dalle influenze demoniache, sono menzionati numerosi demoni, o "utukku," che rappresentano minacce spirituali per gli esseri umani. Questi testi includevano preghiere e rituali specifici per scacciare i demoni e proteggere le persone da possibili possessioni o influenze negative.

Le rappresentazioni dei demoni nell'Antico Medio Oriente erano spesso terrorizzanti, con l'obiettivo di evocare paura e reverenza. La loro influenza negativa sulla vita delle persone veniva considerata una minaccia reale, e le pratiche esorcistiche erano un modo importante per cercare protezione e rimuovere tali influenze.

Nell'Antico Medio Oriente, le credenze demoniache erano intrinseche alla cultura e alla spiritualità dell'epoca. Figure come Pazuzu e i demoni menzionati nei Testi degli Esorcismi Babilonesi riflettevano le paure e le sfide affrontate dalle persone di quei tempi, e le pratiche esorcistiche erano fondamentali per affrontare queste minacce spirituali.

Le leggende demoniche presentano una serie di tematiche ricorrenti che attraversano le culture e le epoche, riflettendo paure e preoccupazioni comuni dell'umanità. Queste tematiche universali contribuiscono a rendere le storie di demoni affascinanti e spaventose allo stesso tempo.

Una delle tematiche più comuni nelle leggende demoniche è quella della tentazione. I demoni sono spesso rappresentati come astuti ingannatori che cercano di sedurre gli esseri umani con promesse di potere, ricchezza o desideri carnali. Questo richiamo alla tentazione mette in evidenza la lotta tra il desiderio umano e la moralità, e il pericolo di cedere alle passioni più oscure.

La corruzione dell'anima è un'altra tematica centrale. Nei racconti demoniaci, il contatto con un demone può portare alla perdita dell'innocenza e della purezza dell'anima. Questa corruzione dell'anima può avere gravi conseguenze spirituali ed etiche, contribuendo a creare una profonda angoscia nei personaggi delle storie.

La possessione demoniaca è una tematica spesso presente, in cui un demone prende possesso del corpo di un individuo, controllandolo o influenzandolo. Questo tema mette in evidenza la vulnerabilità umana e la paura di perdere il controllo su se stessi, oltre a fornire un terreno fertile per l'esorcismo e la lotta contro le forze oscure.

Infine, la lotta tra il bene e il male è una delle tematiche più fondamentali nelle leggende demoniche. I demoni rappresentano il male, mentre gli esseri umani o divinità benevole cercano di opporsi a loro. Questa lotta epica riflette la lotta eterna tra le forze del bene e del male nell'immaginario collettivo e sottolinea la necessità di resistere alle tentazioni e alle influenze negative.

Le tematiche ricorrenti nelle leggende demoniche, come la tentazione, la corruzione dell'anima, la possessione e la lotta tra il bene e il male, sono intrinseche a queste storie e contribuiscono a renderle così affascinanti e universali. Esplorare queste tematiche ci aiuta a comprendere meglio le paure e le sfide condivise dall'umanità attraverso i secoli.

Le leggende demoniache, ricche di sfumature e dettagli, non sono mai state esclusivamente una questione di folklore e superstizione, ma hanno anche radici profonde nelle influenze culturali e sociali delle società in cui sono emerse. Esaminando queste influenze, possiamo ottenere una prospettiva più ampia sul significato e l'importanza delle leggende demoniache nelle diverse culture.

In molte culture, le leggende demoniache sono state influenzate dalle paure e dalle ansie sociali. Ad esempio, durante periodi storici segnati dalla paura dell'incubo e dalla persecuzione delle streghe, le leggende demoniache spesso riflettevano la paranoia collettiva e l'ossessione per il male occulto. Queste storie servivano da veicolo per esprimere e condividere le preoccupazioni di una società in un dato momento storico.

Le aspirazioni e le sfide di una società possono anche emergere nelle leggende demoniache. Le leggende possono rappresentare la lotta dell'umanità contro forze oscure e malefiche, riflettendo la ricerca di significato e speranza in un mondo complesso e spesso spaventoso. I demoni nelle leggende possono essere visti come sfide da superare o come manifestazioni delle paure che le persone cercano di affrontare.

Le leggende demoniache hanno anche avuto un impatto duraturo sulla cultura popolare, influenzando l'arte, la letteratura e il cinema. I demoni sono spesso presenti come antagonisti in racconti epici e horror, riflettendo la loro posizione come simboli del male nella psiche umana. Questi racconti hanno plasmato le percezioni collettive dei demoni e hanno contribuito a mantenere vive le credenze e le paure legate a queste entità.

Le leggende demoniche, anche se radicate in tempi antichi, mantengono una rilevanza straordinaria nella cultura contemporanea. Questa moderna rilevanza è evidente nella loro presenza diffusa nei media, nei film, nei libri e nelle forme di intrattenimento. I demoni sono diventati una fonte inesauribile di ispirazione per narratori e artisti di tutto il mondo, e questo ha contribuito a mantenerli vivi nell'immaginario collettivo.

Nei film, i demoni sono spesso presenti come antagonisti in storie di horror, suspense o fantasy. Questi film catturano l'immaginazione del pubblico, offrendo un'esperienza coinvolgente che fa appello alle emozioni umane più profonde, dalla paura alla curiosità. Le rappresentazioni cinematografiche dei demoni possono variare notevolmente, da creature terrificanti e malevole a entità più complesse e ambigue che sfidano le aspettative.

Anche la letteratura moderna ha continuato a esplorare il tema dei demoni in una varietà di generi letterari. I romanzi horror, urban fantasy e paranormali spesso ruotano attorno a demoni e alle loro influenze sulla vita umana. Questi libri consentono ai lettori di immergersi in mondi oscuri e misteriosi, aprendo porte alla riflessione su temi profondi come la lotta tra il bene e il male, la moralità e la redenzione.

Le serie televisive e i videogiochi non sono da meno nell'uso delle leggende demoniche come fonte di ispirazione. I demoni appaiono in molte serie televisive popolari, spesso svolgendo ruoli chiave nella trama e nella caratterizzazione dei personaggi. Nei videogiochi, i giocatori possono interagire direttamente con creature demoniache, sfidandole in battaglie epiche o esplorando mondi oscuri e sinistri.

Le leggende demoniche sono ancora molto rilevanti nella cultura contemporanea grazie alla loro capacità di stimolare la nostra immaginazione, di esplorare temi universali e di fornire storie coinvolgenti. La loro moderna rilevanza è una testimonianza del potere duraturo delle leggende e del fascino che i demoni esercitano sul nostro mondo narrativo e culturale.

Il timore dei demoni è un elemento costante e universale che attraversa le culture e le epoche, radicandosi profondamente nell'esperienza umana. Le leggende demoniche rappresentano un riflesso dei nostri timori più profondi, dei desideri di comprendere e dominare le forze oscure che perseguitano la nostra immaginazione. Esse ci sfidano a esplorare le sfumature della nostra psiche umana, ponendo domande fondamentali sulla natura della tentazione, del male e della salvezza.

Questo timore universale dei demoni è emerso in tutto il mondo in forme diverse, ma con tematiche ricorrenti che parlano direttamente alla condizione umana. La tentazione, ad esempio, è un tema comune che attraversa molte leggende demoniche. La figura del demone seduttore che offre poteri o piaceri proibiti è una rappresentazione della lotta interna tra il desiderio e la moralità. Questo richiamo dell'oscurità mette alla prova la nostra forza di volontà e la nostra capacità di resistere alle tentazioni.

Inoltre, la lotta per la salvezza è un altro tema universale nelle leggende demoniche. Molte di queste narrazioni presentano individui o eroi che cercano di liberarsi dall'influenza demoniaca o di riscattare le loro anime. Questa lotta rappresenta la nostra costante ricerca di redenzione e di un significato più profondo nella vita, sottolineando la nostra paura di cadere nella dannazione eterna.

Le leggende demoniche servono come specchio delle nostre paure più profonde e delle sfide che affrontiamo nella vita di tutti i giorni. Sono una parte intrinseca della nostra esperienza umana, una testimonianza del nostro desiderio di esplorare il lato oscuro della psiche umana e di cercare un equilibrio tra il bene e il male. Nonostante il loro tono oscuro e spesso minaccioso, queste leggende ci offrono l'opportunità di riflettere sulla nostra natura umana e sulle forze che ci spingono a cercare la luce nella profondità delle tenebre.

Capitolo 9
Luoghi Comuni di Manifestazione dei Demoni

Nella vasta gamma di credenze legate ai demoni, una delle convinzioni più diffuse riguarda la loro presenza in luoghi abbandonati, spesso descritti come case, ospedali o prigioni dismesse. Questi luoghi, una volta vitali e frequentati, diventano teatro di racconti inquietanti e luoghi di misteriose manifestazioni demoniache. Ma cosa spinge questa credenza? Quali sono le ragioni dietro questa diffusa percezione?

Uno dei motivi principali dietro questa credenza risiede nella percezione di tali luoghi come luoghi isolati e oscuri, spesso abbandonati a se stessi. La decadenza e il degrado che affliggono queste strutture creano un ambiente che può sembrare fertile per attività demoniache. La mancanza di manutenzione, le finestre rotte e le porte sbarrate contribuiscono a creare un'atmosfera sinistra che alimenta l'immaginazione umana.

Inoltre, tali luoghi abbandonati sono spesso isolati dalla vita quotidiana, situati lontano dalla vista del pubblico e circondati da una sorta di aura di segretezza. Questo isolamento può far sì che chiunque si avventuri in questi luoghi si senta più vulnerabile e suscettibile a esperienze inquietanti. La paura dell'ignoto, unita all'ambiente decadente, può portare a interpretare qualsiasi suono o movimento come manifestazioni demoniache.

Va notato che queste credenze spesso si basano su racconti e testimonianze di presunte manifestazioni demoniache in luoghi abbandonati. Questi racconti contribuiscono a diffondere la convinzione che i demoni prediligano tali luoghi come dimore o terreni di attività. La paura del buio, della solitudine e della decadenza gioca un ruolo significativo nell'amplificare queste credenze.

È importante sottolineare che, sebbene queste credenze siano diffuse, non esistono prove scientifiche che confermino la presenza effettiva di demoni in luoghi abbandonati. Tuttavia, il potere delle credenze e delle paure umane può rendere questi luoghi spettrali e inquietanti, anche se l'origine delle presunte manifestazioni demoniache potrebbe essere più legata all'immaginazione e alla psicologia umana che a fenomeni paranormali reali. Resta comunque il fatto che tali luoghi abbandonati suscitano un profondo senso di timore e mistero nell'immaginario collettivo, contribuendo così alla perpetuazione di queste credenze.

Un'altra delle convinzioni diffuse riguardanti la presenza e l'attività dei demoni riguarda i cimiteri e i luoghi di sepoltura. Questa credenza è radicata in profonde connessioni tra la morte, il soprannaturale e le pratiche rituali che spesso coinvolgono questi luoghi.

I cimiteri sono stati tradizionalmente considerati come confini tra il mondo dei vivi e quello dei morti, un luogo in cui le anime dei defunti riposano in pace. Tuttavia, questa divisione tra i due mondi ha anche alimentato credenze su spiriti inquieti o addirittura demoni che possono aggirarsi nei cimiteri. La morte stessa è vista come un confine misterioso, e i demoni, associati al male e al soprannaturale, sembrano trovarsi a proprio agio in tali ambienti.

Le pratiche rituali svolte nei cimiteri e nei luoghi di sepoltura hanno contribuito a consolidare questa credenza. Le cerimonie funebri, i riti di commemorazione e le preghiere per gli spiriti dei defunti sono spesso accompagnate da un senso di sacralità e mistero, creando un'atmosfera che può sembrare propizia per attività demoniache. Inoltre, alcune culture praticano rituali magici o religiosi nei cimiteri, che possono essere interpretati da alcune persone come un'invocazione o un'apertura nei confronti del mondo soprannaturale.

La paura e l'ansia associate alla morte e al lutto possono anche contribuire alla percezione di presenze demoniache nei cimiteri. Il timore dell'ignoto e l'angoscia di perdere una persona cara possono portare le persone a interpretare strane sensazioni o suoni come segni di attività demoniaca.

È importante notare che, sebbene questa credenza sia diffusa, non esistono prove scientifiche che dimostrino la presenza effettiva di demoni nei cimiteri. Tuttavia, il potere delle credenze culturali e delle emozioni umane può rendere questi luoghi particolarmente inquietanti e misteriosi. In definitiva, la connessione tra demoni e cimiteri è un esempio di come le credenze soprannaturali possano radicarsi profondamente nella psicologia e nella cultura umane, indipendentemente dalla loro veridicità oggettiva.

I luoghi storici in cui si sono verificati eventi violenti o tragedie hanno spesso una reputazione di essere particolarmente suscettibili all'attività demoniaca. Questa credenza è basata sulla percezione che gli eventi traumatici, come battaglie, omicidi di massa o persecuzioni, possano lasciare una sorta di impronta energetica negativa o malevola che perdura nel tempo.

Una delle ragioni dietro questa convinzione è legata alla natura stessa degli eventi violenti. Quando si verificano tragedie di tale portata, è comune che vi siano forti emozioni come la rabbia, la paura e la sofferenza, che possono essere interpretate come potenti fonti di energia. In alcune credenze, si ritiene che i demoni siano attratti da queste energie negative e che possano alimentarsi di esse. Di conseguenza, luoghi in cui si sono svolte battaglie sanguinose o in cui si sono verificati omicidi di massa sono spesso considerati luoghi di potenziale attività demoniaca.

Inoltre, la storia di eventi violenti può diventare parte integrante dell'identità di un luogo. Le leggende e le storie tramandate di generazione in generazione possono contribuire a rafforzare la convinzione che l'energia demoniaca sia ancorata in questi luoghi. La reputazione di tali luoghi può anche attirare l'interesse di persone che cercano esperienze paranormali, alimentando ulteriormente la loro fama.

Dal punto di vista delle teorie scientifiche, le esperienze paranormali in questi luoghi possono spesso essere attribuite a suggestione, psicologia e aspetti culturali. La mente umana è suscettibile all'influenza dell'ambiente e delle aspettative, il che può portare le persone a interpretare normali suoni o sensazioni come segni di attività demoniaca.

La credenza che le dimore antiche siano spesso teatro di manifestazioni demoniache è radicata nella percezione di queste case come portatrici di una lunga e misteriosa storia. Queste dimore, spesso con decenni o addirittura secoli di storia, possono generare un senso di antichità e mistero che le rende propense a essere associate a eventi soprannaturali, comprese le attività demoniache.

Una delle ragioni dietro questa associazione è la semplice idea che il tempo trascorso possa aver accumulato energie negative o presenze demoniache all'interno di queste dimore. Si crede che le esperienze umane, specialmente quelle caratterizzate da violenza, tragedie o angoscia, possano lasciare un'impronta nell'ambiente circostante. Di conseguenza, le dimore antiche, con la loro storia ricca di eventi e emozioni umane, potrebbero essere percepite come punti focali di attività demoniaca.

Inoltre, nelle culture in cui le dimore antiche sono considerate patrimonio storico e culturale, le storie di fantasmi e demoni che le abitano possono diventare parte integrante del folklore locale. Queste storie contribuiscono ulteriormente a consolidare l'idea che queste dimore siano teatro di attività demoniache.

D'altra parte, le teorie scientifiche spiegano spesso le presunte manifestazioni demoniache in dimore antiche come il risultato di suggestione, condizioni ambientali precarie (come muffe o gas tossici), o semplicemente come frutto di credenze culturali e psicologiche. La suggestione può portare le persone a interpretare rumori o fenomeni naturali come segni di attività demoniaca, amplificando così la loro convinzione.

La credenza che i demoni si manifestino in luoghi isolati, lontani dalla civiltà, è alimentata da una serie di fattori che contribuiscono al timore delle influenze demoniache. Questi luoghi remoti creano un ambiente che può generare un profondo senso di vulnerabilità nei confronti delle forze oscure.

Uno dei motivi principali di questa credenza è la presenza di silenzio e oscurità. Le aree remote spesso sono caratterizzate da un profondo silenzio, spezzato solo dal sussurro del vento o dai suoni della natura. Di notte, l'oscurità in questi luoghi può diventare intensa, creando un'atmosfera che favorisce l'illusione di percepire fenomeni paranormali.

Inoltre, la mancanza di testimoni è un elemento significativo. In luoghi isolati, la probabilità di incontrare altre persone è notevolmente ridotta. Questo senso di solitudine può far sì che chi si trova in questi luoghi si senta più vulnerabile e suscettibile alle influenze demoniache. La mancanza di testimoni può anche portare a una maggiore credenza in presunte manifestazioni demoniache, poiché non ci sono altre persone a confermare o smentire ciò che si crede di aver visto o avvertito.

Le tradizioni e il folklore locali hanno un ruolo importante nell'ancorare questa convinzione. In molte culture, le storie di demoni o creature maligne che si nascondono nelle zone remote sono parte integrante del patrimonio storico e culturale. Queste leggende contribuiscono a consolidare la convinzione che i luoghi isolati siano frequentati da forze oscure, alimentando ulteriormente il timore.

La paura dell'ignoto è un altro elemento rilevante. Gli esseri umani tendono a temere ciò che non conoscono, e i luoghi isolati possono rappresentare un territorio sconosciuto, inesplorato o scarsamente frequentato. Questa paura può amplificare la percezione di presunte attività demoniache, poiché l'ignoto è spesso associato a fenomeni inspiegabili e soprannaturali.

Da un punto di vista psicologico, l'isolamento geografico può causare isolamento emotivo e psicologico. Le persone che si trovano in luoghi remoti per lunghi periodi possono sviluppare una maggiore sensibilità alle esperienze paranormali a causa della solitudine e dell'isolamento emotivo. Questo può portarle a attribuire fenomeni naturali o psicologici a presunte manifestazioni demoniache.

Inoltre, va notato che, in alcuni casi, le leggende stesse dei demoni suggeriscono che preferiscano le zone remote, dove possono agire senza essere disturbati. Questo rafforza ulteriormente la convinzione che i luoghi isolati siano particolarmente a rischio.

Tuttavia, è importante sottolineare che, secondo le teorie scientifiche, molte delle esperienze paranormali in luoghi isolati possono essere spiegate da fattori naturali come il vento che sibila, i rumori degli animali notturni o le alterazioni dell'aria che possono creare illusioni ottiche. Inoltre, la psicologia della suggestione può svolgere un ruolo cruciale nell'interpretazione di eventi come demoniaci.

Le credenze legate ai demoni che risiedono nelle foreste remote e nei boschi sono radicate nella percezione della natura selvaggia e impenetrabile di tali luoghi. Queste aree, spesso dense di alberi, arbusti e vegetazione lussureggiante, creano un ambiente che può alimentare l'immaginazione e il timore di entità maligne.

Una delle ragioni per cui le foreste remote sono spesso associate ai demoni è la loro oscurità intrinseca. Anche di giorno, la luce solare può avere difficoltà a penetrare attraverso il fitto dosso degli alberi, creando ombre dense e angoli bui che sembrano perfetti per nascondere presenze demoniache. Di notte, l'oscurità nelle foreste può diventare ancora più intensa, alimentando la sensazione di mistero e terrore.

La solitudine delle foreste remote è un altro elemento significativo. Questi luoghi sono spesso privi di tracce di presenza umana, e chi vi entra può facilmente sentirsi isolato e vulnerabile. Questo senso di solitudine può contribuire al timore delle influenze demoniache, poiché chi si trova in mezzo alla natura può avere la sensazione di essere completamente solo di fronte a forze oscure e sconosciute.

Le foreste e i boschi sono anche spesso associati a leggende e storie popolari che narrano di creature demoniache o spiriti malvagi che risiedono in queste aree. Queste leggende, tramandate da generazioni, contribuiscono a consolidare la convinzione che le foreste remote siano luoghi abitati da forze maligne.

La vastità delle foreste e la loro difficoltà di accesso possono anche alimentare l'immaginazione. La sensazione di perdersi in un intricato labirinto di alberi e sentieri può generare paura e ansia, e le percezioni distorte dovute all'eco dei suoni possono far sembrare che strani rumori siano di origine sovrannaturale.

É importante sottolineare che, secondo le spiegazioni scientifiche, molte delle esperienze e delle percezioni inquietanti nelle foreste possono essere attribuite a fenomeni naturali, come il vento tra gli alberi o gli ululati di animali notturni. Inoltre, la psicologia umana gioca un ruolo significativo nell'interpretazione di tali esperienze come legate a entità demoniache. La paura e l'ansia possono alterare la percezione e portare a interpretazioni sovrannaturali degli eventi.

La convinzione che luoghi associati a pratiche occulte siano spesso collegati alle manifestazioni demoniache si basa sulla percezione di questi siti come punti focali in cui forze oscure e entità demoniache possono essere evocate o invocate. Questi luoghi spesso hanno una lunga storia di rituali oscuri, invocazioni e cerimonie che coinvolgono demoni o spiriti maligni.

Nella mente di molte persone, la presenza di tali pratiche occulte è strettamente correlata al mondo dei demoni. Le cerimonie e gli incantesimi possono coinvolgere l'invocazione di demoni o entità demoniache per ottenere potere, conoscenza o realizzare desideri oscuri. Questi rituali sono spesso descritti come pericolosi e tabù, e si crede che aprano porte verso il regno demoniaco.

Un esempio noto di luoghi legati a pratiche occulte sono le antiche rovine, sacrari o templi abbandonati in cui si svolgevano riti misteriosi. Questi siti storici possono essere associati a leggende e storie di stregoneria, fatture e comunicazioni con entità demoniache. La presenza di antiche iscrizioni, pentacoli o simboli enigmatici su queste strutture può ulteriormente alimentare la convinzione che siano stati luoghi di connessione con il mondo demoniaco.

Le case o dimore in cui si svolgono pratiche occulte sono anche viste come potenzialmente infestate da demoni o spiriti maligni. Le persone credono che gli incantesimi e i rituali oscuri compiuti in questi luoghi possano attirare l'attenzione delle forze demoniache, portando a manifestazioni paranormali o a esperienze inquietanti.

I luoghi considerati scenari di scontri spirituali tra forze del bene e del male sono spesso intrisi di significato religioso e mitico. Queste credenze si basano sulla convinzione che certi siti siano teatro di battaglie cosmiche tra entità divine e demoniache, incarnando la lotta eterna tra il bene e il male.

Molte di queste credenze hanno radici nelle tradizioni religiose e mitologiche. Ad esempio, in molte culture, siti come montagne, fiumi o templi antichi sono associati a eventi leggendari in cui divinità o eroi hanno combattuto contro demoni o esseri malvagi. Questi luoghi spesso diventano oggetto di pellegrinaggio o sono considerati sacri perché si crede che siano stati purificati da questi scontri spirituali.

Un esempio emblematico è la Montagna della Tentazione in Giudea, menzionata nei Vangeli cristiani. Si crede che questo luogo sia stato il teatro in cui Gesù fu tentato da Satana per quaranta giorni e quaranta notti. Questa narrativa rappresenta la lotta tra la divinità e le forze demoniache e ha reso questo sito un importante simbolo religioso.

Altri esempi includono templi o santuari costruiti in luoghi dove si ritiene che un'entità divina abbia sconfitto un demone o una creatura maligna. Questi luoghi sono spesso visitati da credenti che cercano protezione o cercano di ottenere il favore delle divinità.

Queste credenze sono intrinsecamente legate alla fede religiosa e alla mitologia specifica di ogni cultura. Non vi è alcuna prova empirica di scontri spirituali in questi luoghi, e la loro sacralità è principalmente basata sulla fede e sulla tradizione. Le interpretazioni variano ampiamente tra le diverse religioni e culture, e ciò che è considerato un luogo sacro in una tradizione può non avere la stessa importanza in un'altra.

Le credenze riguardanti edifici infestati da demoni o entità malefiche sono radicate in numerose culture e sono spesso associate a storie di possessioni o fenomeni paranormali. Queste storie alimentano il timore verso luoghi che si ritiene siano terreno fertile per attività demoniaca.

Uno dei motivi dietro questa convinzione è la percezione che gli edifici antichi o abbandonati siano più suscettibili all'influenza demoniaca. Le case con una lunga storia possono accumulare racconti di morte tragiche, tragedie familiari o eventi oscuri, tutti elementi che contribuiscono alla credenza che tali luoghi siano infestati. La sensazione di "presenza" in tali edifici può essere spiegata dalla suggestione e dalla suggestività umana, ma spesso viene attribuita a forze demoniache.

Inoltre, la presenza di fenomeni paranormali, come suoni inspiegabili, oggetti che si muovono da soli o apparizioni, è spesso interpretata come prova della presenza di demoni o entità maligne. Questi eventi apparentemente inspiegabili alimentano ulteriormente la convinzione che l'edificio sia posseduto o infestato.

Le storie di edifici infestati sono state tramandate attraverso generazioni, spesso con dettagli aggiunti o alterati nel corso del tempo. Tali racconti contribuiscono alla costruzione dell'immaginario collettivo sui demoni e sulla loro presunta influenza su luoghi specifici.

La teoria delle "energie negative" in certi luoghi è una prospettiva scientifica che mira a spiegare le esperienze demoniache attraverso fattori ambientali. Mentre le credenze paranormali attribuiscono spesso queste esperienze a forze soprannaturali o demoniache, alcuni ricercatori cercano di fornire una spiegazione basata sulla scienza.

Secondo questa teoria, i luoghi che sono associati a esperienze demoniache potrebbero avere specifiche caratteristiche ambientali che influenzano le percezioni umane e le credenze riguardo alle manifestazioni demoniache. Queste "energie negative" possono essere spiegate da vari fattori:

Campo elettromagnetico:

Alcuni ambienti possono avere anomalie nel campo elettromagnetico, che potrebbero influenzare il funzionamento del cervello umano. Queste anomalie possono causare sensazioni di disagio, allucinazioni e percezioni errate, che potrebbero essere interpretate come attività demoniaca.

Radon:

Il radon è un gas radioattivo che può accumularsi in alcune strutture. L'esposizione prolungata al radon è stata associata a problemi di salute e a disturbi neurologici, che potrebbero contribuire alle esperienze demoniache riportate in tali luoghi.

Muffe e tossine ambientali:

Alcuni luoghi possono ospitare muffe o tossine ambientali che possono influenzare la salute mentale e fisica delle persone che vi soggiornano. Questi effetti possono includere allucinazioni, paranoia e disturbi del sonno, che potrebbero essere erroneamente attribuiti a presunte attività demoniache.

Stress ambientale:

Luoghi con una storia di violenza, tragedia o eventi traumatici possono avere un impatto psicologico significativo sulle persone. Questo stress ambientale può aumentare la sensazione di paura e ansia, contribuendo alle credenze sulle manifestazioni demoniache.

È importante sottolineare che queste teorie scientifiche cercano di spiegare le esperienze demoniache senza ricorrere a cause soprannaturali. Tuttavia, non esiste ancora una spiegazione definitiva per questi fenomeni, e le credenze paranormali continuano a essere una parte significativa dell'immaginario collettivo legato ai demoni e alle manifestazioni demoniache.

Nel contesto delle manifestazioni demoniache e delle credenze legate ai luoghi comuni in cui tali manifestazioni si verificano, c'è una teoria scientifica che merita attenzione. Questa teoria sostiene che alcuni luoghi possano essere influenzati da ciò che è comunemente chiamato "energia negativa". Si tratta di una prospettiva che cerca di spiegare le esperienze demoniache attraverso fattori ambientali, piuttosto che attribuirle direttamente a entità sovrannaturali.

Secondo questa teoria, alcune condizioni ambientali o fattori fisici potrebbero contribuire alle percezioni di attività demoniache. Ad esempio, si è osservato che alcune persone che riportano esperienze demoniache sono state esposte a campi elettromagnetici anomali, che possono influenzare la funzione cerebrale e causare allucinazioni. Inoltre, la presenza di radon, un gas radioattivo che può fuoriuscire dal terreno, è stata associata a disturbi del sonno e a sensazioni di malessere, che potrebbero contribuire alle esperienze negative in determinati luoghi.

Inoltre, la presenza di muffe tossiche o altre sostanze chimiche nell'ambiente può avere effetti sulla salute mentale e fisica delle persone, portando a sintomi che possono essere interpretati come manifestazioni demoniache. Questi fattori ambientali possono causare stress e ansia, contribuendo a creare un clima di paura e mistero in determinati luoghi.

Resta solo dire che questa teoria non nega l'esistenza delle credenze demoniache o delle esperienze personali delle persone, ma cerca di offrire spiegazioni alternative basate su elementi scientifici. Tuttavia, è importante notare che la percezione di energie negative in un luogo può contribuire alla formazione di leggende e credenze legate alle manifestazioni demoniache, alimentando l'immaginazione collettiva e la paura in determinate località. In definitiva, queste teorie cercano di gettare luce su aspetti che possono influenzare le esperienze umane, ma il mistero e il fascino delle leggende demoniache persistono ancora oggi.

Capitolo 10
Paure Comuni Legate ai Demoni

La Paura dell'Invisibile è una delle paure più comuni legate ai demoni. Questa paura deriva dal fatto che i demoni sono entità immateriali e invisibili, il che li rende sfuggenti e inscrutabili agli occhi umani. L'incapacità di vedere o comprendere completamente queste entità alimenta un senso di ansia e terrore profondo.

Per molte persone, l'idea di ciò che è invisibile rappresenta una minaccia incolmabile. Il nostro mondo fisico è basato su ciò che possiamo percepire con i nostri sensi, e quando siamo confrontati con entità che sfuggono a questa percezione diretta, scaturisce una profonda inquietudine. La mancanza di prove tangibili o visibili dei demoni può far sorgere dubbi sulla loro esistenza, ma paradossalmente questa stessa invisibilità può generare una paura ancora più intensa.

Le storie di presunte interazioni con demoni spesso coinvolgono esperienze in cui le persone avvertono una presenza opprimente o una sensazione di essere osservate, ma senza alcuna prova visibile di una minaccia concreta. Queste esperienze possono portare a reazioni di terrore e ansia, poiché le persone si sentono impotenti di fronte a una forza invisibile e sconosciuta.

Il timore dell'invisibile può influenzare profondamente il comportamento delle persone. Alcuni possono evitare situazioni o luoghi in cui si ritiene che i demoni siano attivi, cercando di limitare al massimo il rischio di un incontro con queste entità invisibili. Altri possono sviluppare ossessioni riguardo alla presenza di demoni nella propria vita, cercando costantemente segni o sintomi di attività demoniache.

La Paura dell'Invasione Spirituale è un'altra delle paure comuni legate ai demoni che affligge molte persone. Questa paura si basa sulla convinzione che i demoni possano possedere o influenzare spiritualmente gli esseri umani, portando a una serie di comportamenti e credenze che possono essere estremamente angoscianti.

La paura dell'invasione spirituale può manifestarsi in diverse forme. Alcune persone temono di essere possedute da un demone, il che può causare un profondo disagio e ansia. Altri temono che i demoni possano influenzare i loro pensieri, emozioni o azioni, portandoli a compiere atti malevoli o autodistruttivi. Queste paure possono avere un impatto significativo sulla vita quotidiana delle persone, portandole a cercare costantemente segni di possessione o a compiere riti di esorcismo per allontanare i demoni.

Le credenze legate all'invasione spirituale possono avere conseguenze psicologiche gravi. Le persone che vivono con questa paura possono sperimentare una sensazione costante di pericolo imminente e di perdita di controllo sulla propria vita. Questa ansia costante può portare a sintomi fisici e psicologici, tra cui attacchi di panico, depressione e isolamento sociale.

La paura dell'invasione spirituale può anche portare a comportamenti rituali o religiosi estremi. Alcune persone possono cercare il conforto in pratiche religiose, come l'esorcismo o la preghiera costante, nel tentativo di allontanare i demoni. Altri possono evitare situazioni o luoghi associati ai demoni per ridurre il rischio di essere influenzati spiritualmente.

La paura dell'invasione spirituale può essere alimentata da credenze culturali o religiose specifiche, ma può anche colpire persone che non hanno una base religiosa. In ogni caso, è fondamentale cercare il supporto di professionisti della salute mentale per affrontare queste paure in modo efficace e migliorare la qualità della vita delle persone colpite.

La Paura della Corruzione dell'Anima è un sentimento diffuso tra coloro che si preoccupano delle influenze demoniache. Questa paura si basa sulla convinzione che un incontro o un'interazione con i demoni possa portare alla corruzione dell'anima, con conseguenze spirituali gravi e irreversibili.

Coloro che temono la corruzione dell'anima possono adottare comportamenti cautelativi per cercare di proteggersi da queste influenze oscure. Possono evitare situazioni o luoghi associati ai demoni e cercare protezioni spirituali, come amuleti o rituali di purificazione, per allontanare il rischio di contaminazione spirituale. Questa paura può portare anche a un forte senso di colpa o ansia in coloro che credono di essere stati esposti alle influenze demoniache.

La preoccupazione per la corruzione dell'anima è spesso radicata in credenze religiose o spirituali specifiche. In alcune tradizioni religiose, si crede che l'anima sia vulnerabile agli attacchi dei demoni se una persona si allontana dalla retta via o commette azioni considerate peccaminose. Questa paura può essere utilizzata anche come strumento di controllo all'interno di alcune comunità religiose, poiché induce le persone a seguire rigorosamente i dettami della fede per evitare la corruzione spirituale.

La paura della corruzione dell'anima può avere un impatto significativo sulla vita delle persone, influenzando le loro decisioni e il loro benessere psicologico. In situazioni in cui questa paura diventa debilitante o eccessiva, è consigliabile cercare il supporto di professionisti della salute mentale che possano aiutare a gestire queste ansie e paure in modo efficace.

La Paura della Tentazione è una delle paure più comuni legate ai demoni. Si basa sulla convinzione che queste entità maligne possano cercare di sedurre o tentare le persone a compiere atti malvagi o immorali. Questa paura può influenzare profondamente la moralità e la condotta delle persone.

Le persone che temono la tentazione demoniaca possono essere costantemente in guardia contro l'idea che i demoni possano cercare di influenzarle negativamente. Questa paura può portare a un senso di colpa costante e a una lotta per rimanere moralmente integre. Le persone possono evitare situazioni o comportamenti che ritengono potrebbero renderle vulnerabili alla tentazione demoniaca.

In alcune tradizioni religiose, la paura della tentazione è fortemente radicata. Si crede che i demoni siano creature ingannevoli che cercano di trascinare le persone lontano dalla retta via. Questa convinzione può portare a una rigorosa aderenza ai precetti religiosi e a una costante preoccupazione per la purezza morale.

È interessante notare come la paura della tentazione possa avere un impatto sulla psicologia delle persone. Coloro che temono la tentazione possono vivere con un senso costante di tensione morale e ansia. Possono anche sperimentare conflitti interni tra il desiderio di aderire a norme etiche elevate e la paura di cadere in tentazione.

La Paura del Giudizio Divino è una preoccupazione profonda per coloro che credono nella possibilità di essere giudicati da forze divine a causa dell'interazione con i demoni. Questa paura si basa sull'idea che il coinvolgimento con entità maligne possa essere considerato un atto immorale o blasfemo agli occhi della divinità, e che questo possa portare a conseguenze spirituali o divine.

Per coloro che seguono una fede religiosa, la Paura del Giudizio Divino può avere un impatto significativo sulla loro vita spirituale. Temono di aver allontanato o offeso la divinità a causa del loro coinvolgimento con il mondo demoniaco. Questa paura può portare a un senso di colpa costante e a una ricerca di redenzione attraverso la preghiera, il pentimento e il ritorno alla spiritualità.

La Paura del Giudizio Divino può anche influenzare il comportamento delle persone. Coloro che temono il giudizio divino possono cercare di evitare qualsiasi attività o situazione che ritengono possa metterli in contatto con i demoni. Possono diventare più devoti nella loro pratica religiosa, cercando di ottenere il perdono divino.

È importante notare che questa paura può variare notevolmente in intensità a seconda delle credenze religiose e delle tradizioni culturali. Alcune religioni possono avere una visione più severa del coinvolgimento con il mondo demoniaco, mentre altre possono essere più tolleranti o offrire modi specifici per affrontare questa preoccupazione.

In ogni caso, la Paura del Giudizio Divino riflette la profonda preoccupazione delle persone per la loro relazione con il divino e la ricerca di un percorso spirituale che li metta in armonia con le loro credenze religiose e morali.

La Paura dell'Oscurità è una delle paure più ancestrali e profonde dell'essere umano, spesso associata ai demoni e alle loro attività malevole. Questa paura si basa sulla naturale tendenza dell'essere umano a temere ciò che non può vedere o comprendere completamente quando l'ambiente circostante è avvolto nell'oscurità.

Nella tradizione delle leggende demoniache, le ore notturne sono spesso considerate il momento in cui i demoni sono più attivi. La Paura dell'Oscurità si intensifica durante la notte poiché la mancanza di luce visibile crea un senso di incertezza e vulnerabilità. In queste condizioni, l'immaginazione può facilmente dar vita a paure e allucinazioni, portando le persone a credere di vedere o percepire presenze demoniache.

La Paura dell'Oscurità è alimentata dalla paura dell'ignoto e della potenziale minaccia nascosta nell'oscurità. Questo timore è radicato nell'evoluzione umana, in cui l'oscurità notturna poteva nascondere predatori o altri pericoli reali per la sopravvivenza. Anche se la società moderna ha mitigato molte di queste minacce, la paura dell'oscurità persiste come una reminiscenza dei tempi antichi.

Nel contesto delle credenze demoniache, la Paura dell'Oscurità può portare a comportamenti precauzionali come l'uso di amuleti protettivi, l'accensione di candele o l'esecuzione di rituali di purificazione per tenere lontane le forze demoniache durante la notte. Tuttavia, è importante notare che questa paura è spesso basata su convinzioni culturali e non ha una base scientifica.

La Paura dell'Oscurità è una paure primordiale che può essere sfruttata nelle leggende demoniache per creare un'atmosfera di terrore e suspense, alimentando la credenza nelle manifestazioni demoniache durante le ore notturne.

La Paura dei Suoni Inexplicabili è un aspetto comune delle esperienze legate ai demoni e alle attività demoniache. Questa paura si basa sulla percezione di rumori o suoni che non possono essere razionalmente spiegati o attribuiti a cause naturali o umane. Spesso, tali suoni vengono attribuiti a presunte attività demoniache, alimentando ansia e terrore nelle persone che li vivono.

Nelle leggende demoniache, i suoni inspiegabili sono spesso descritti come strani rumori, sussurri incomprensibili, o addirittura voci provenienti da nessuna parte. Questi suoni sono generalmente associati a presunte manifestazioni demoniache o possessioni. La paura dei Suoni Inexplicabili è intensificata dalla sensazione di impotenza di fronte a questi fenomeni, poiché non è possibile individuare una causa razionale o una fonte per tali rumori.

La paura dei Suoni Inexplicabili può generare ansia perché sfida la nostra comprensione del mondo naturale e delle leggi fisiche. Le persone possono sentirsi vulnerabili e impotenti di fronte a fenomeni inspiegabili, alimentando il terrore e la convinzione che forze demoniache siano coinvolte. Questi suoni possono anche essere associati a presunti messaggi o minacce da parte dei demoni, aumentando ulteriormente l'ansia.

In alcune culture, esistono pratiche rituali volte a proteggere dalle manifestazioni demoniache legate ai Suoni Inexplicabili. Questi rituali possono includere l'uso di incantesimi, amuleti o la consultazione di esperti dell'occulto per cercare di placare o allontanare le presunte entità demoniache responsabili dei suoni misteriosi.

La Paura dell'Isolamento Sociale è un aspetto significativo delle paure legate ai demoni. Questa paura deriva dal fatto che alcune persone che credono nelle manifestazioni demoniache o nelle interazioni con demoni possono essere emarginate o stigmatizzate dalla società a causa delle loro credenze o esperienze. Questo isolamento sociale può avere gravi conseguenze sulla vita delle persone coinvolte.

Le credenze legate ai demoni spesso non sono accettate dalla società in generale, e coloro che parlano apertamente delle proprie esperienze possono essere considerati come eccentrici o addirittura malati mentalmente. Questo pregiudizio sociale può portare all'isolamento, poiché le persone potrebbero ritirarsi dal confronto con gli altri per paura del giudizio o della derisione.

In alcuni casi estremi, le persone che credono di essere afflitte da demoni potrebbero essere allontanate dalla loro comunità, dai familiari o dagli amici. Questo isolamento può portare a gravi conseguenze psicologiche ed emotive, tra cui depressione, ansia e solitudine. Le persone potrebbero sentirsi abbandonate e disperate a causa delle loro credenze e delle conseguenze sociali che ne derivano.

È importante riconoscere che la Paura dell'Isolamento Sociale può avere un impatto significativo sulla salute mentale e sul benessere delle persone coinvolte. La stigmatizzazione delle credenze legate ai demoni può impedire alle persone di cercare aiuto o supporto quando ne hanno bisogno. Pertanto, è fondamentale promuovere la comprensione e la tolleranza verso le diverse credenze e esperienze delle persone, senza giudicarle o emarginarle.

La Paura delle Visioni è un aspetto significativo delle paure legate ai demoni. Questa paura si manifesta quando le persone temono di avere visioni o apparizioni demoniache, spesso associate a stati di alterazione della coscienza. Queste visioni possono generare terrore e confusione, mettendo a dura prova la stabilità emotiva e psicologica di chi le vive.

Le visioni o apparizioni demoniache sono spesso descritte come esperienze spaventose e angoscianti. Le persone possono riferire di vedere creature demoniache, volti distorti o immagini terrificanti che sembrano provenire da un mondo oscuro e malevolo. Queste visioni sono spesso associate a stati di trance, allucinazioni o altre esperienze psicologiche alterate, il che può aumentare ulteriormente il terrore e la confusione.

La paura delle visioni demoniache può portare a una serie di reazioni psicologiche ed emotive, tra cui ansia, panico e disturbi del sonno. Le persone che vivono queste esperienze possono sentirsi impotenti e disorientate, spesso cercando spiegazioni o aiuto per affrontare ciò che percepiscono come intrusioni demoniache nella loro realtà.

È importante notare che le visioni demoniache possono essere il risultato di una serie di fattori, tra cui stress, disturbi psicologici, uso di sostanze allucinogene o altre condizioni mediche. Tuttavia, per coloro che credono fermamente nelle manifestazioni demoniache, queste visioni possono essere interpretate come prove tangibili della presenza dei demoni.

La Paura delle Visioni è una paure comune legata ai demoni, che può generare terrore e confusione in chi le vive. Queste esperienze possono avere un impatto significativo sulla salute mentale e sul benessere delle persone e richiedono un approccio comprensivo e sensibile per affrontare le loro conseguenze.

La Paura dell'Incertezza è un aspetto importante delle paure legate ai demoni. Questa paura si manifesta quando le persone si trovano in uno stato di costante apprensione e preoccupazione per ciò che potrebbe accadere a causa delle influenze demoniache. È una paura radicata nella mancanza di conoscenza e controllo sugli eventi futuri e sulle potenziali minacce derivanti dai demoni.

Le persone che vivono la Paura dell'Incertezza possono essere costantemente preoccupate per la propria sicurezza e quella dei propri cari. Possono temere di essere oggetto di attacchi o influenze demoniache senza preavviso, il che può causare ansia, stress e disturbi psicologici.

Gestire questa paura può essere una sfida, ma è importante affrontarla in modo razionale e basato su evidenze. Le credenze legate ai demoni spesso si basano su miti e leggende senza fondamento scientifico, quindi è fondamentale educarsi e cercare spiegazioni razionali per le esperienze percepite come demoniache.

Il supporto psicologico e terapeutico può essere utile per aiutare le persone a gestire la Paura dell'Incertezza. La terapia cognitivo-comportamentale, ad esempio, può aiutare a identificare e affrontare i pensieri catastrofici e le credenze irrazionali legate ai demoni. Inoltre, l'educazione sulle credenze e le paure legate ai demoni può contribuire a ridurre l'ansia e a promuovere una visione più razionale delle esperienze paranormali.

Per finire, la Paura dell'Incertezza legata alle esperienze demoniache può avere un impatto significativo sulla vita delle persone, ma è possibile affrontarla in modo efficace attraverso l'educazione, il supporto psicologico e la razionalizzazione delle credenze. Riconoscere che molte credenze legate ai demoni sono basate su miti e leggende può aiutare a ridurre l'ansia e a promuovere un approccio più equilibrato alla questione.

www.ingramcontent.com/pod-product-compliance
Lightning Source LLC
Chambersburg PA
CBHW012257240726
48656CB00007B/2416